中日同形近义词习得研究

庄倩 著

南京大学出版社

图书在版编目（CIP）数据

中日同形近义词习得研究/庄倩著.—南京：南京大学出版社,2018.12

（日本社会与文化研究丛书）

ISBN 978-7-305-21379-3

Ⅰ.①中… Ⅱ.①庄… Ⅲ.①汉语－同形词－近义词－对比研究－日语 Ⅳ.①H13②H363

中国版本图书馆 CIP 数据核字(2018)第 291484 号

出版发行　南京大学出版社

社　　　址　南京市汉口路 22 号　　　邮　　编　210093

出 版 人　金鑫荣

丛 书 名　日本社会与文化研究丛书

书　　名　中日同形近义词习得研究

著　者　庄　倩

责任编辑　田　雁　　　　　编辑热线　025-83596027

照　　排　南京理工大学资产经营有限公司

印　　刷　江苏扬中印刷有限公司

开　　本　700×1000　1/16　印张 12　字数 184 千

版　　次　2018 年 12 月第 1 版　2018 年 12 月第 1 次印刷

ISBN 978-7-305-21379-3

定　　价　45.00 元

网　　址:http://www.njupco.com

官方微博:http://weibo.com/njupco

官方微信号:njupress

销售咨询热线:(025)83594756

序一

中日同形词研究一直是日语界的一个热点。研究发轫于 20 世纪 80 年代,迄今成果众多,取得了不少实质性突破,并已成为很多博士学位论文的首选题目和国家级项目采用课题,让人有恍如隔世之感。

1992 年,我的本科毕业论文写的就是中日同形词。两年后的硕士毕业论文也是这个题目,其中部分内容经修改,发表在了 1995 年第 3 期的《日语学习与研究》杂志上,题目为《中日同形词词义差异原因浅析》。这是我第一篇正式发表的论文,对前人成果进行了归纳,并表述了自己的一些观点。之后,虽然也写过几篇相关论文,但兴趣已转向日语辞书、日本汉字的研究方面。不过,对同形词研究仍比较关注。

令人欣喜的是,这 20 多年来,中日同形词研究取得了很大进步,并且仍在不断拓展与深入。不仅研究人数众多,成果甚丰,研究视角已不再局限于对同形词进行单纯的词义、语法功能的对比,而且还融入了社会语言学、历史语言学、认知语言学、语用学、二语习得等诸多新兴语言学的理论和方法,这使我们对中日同形词的历史文化渊源、相关社会语用因素等有了更为深刻的认识。在此基础上,我们对词语本身的异同也有了更为明晰确实的了解和把握,特别是对于如何在日常的日语教学过程中合理有效地处理这类"特殊"词汇有了新的认识和体悟。

庄倩的这本专著就是将二语习得理论与传统的中日同形词对比研究相结合的产物。作者从日语教学的实践者和研究者的角度出发,抓住中日同形词中词义用法对应关系最为复杂的同形近义词为突破口,通过实证研究的方法,认真切实地考察了对比语言学所提出的中日语言间的诸种差异势必会影响学习者习得的假设,并且对这一假设的绝对存在性提出了质疑,强调了词汇本身的难度以及频率等其他非母语相关因素的影响和作用。此外,由于作者在实证过程中区分了词汇的理解与产出,意识到了学习者词汇知识存在显性、隐性两种不同形式,并对学习者的日语水平进行了适当的考量,使得整个论证分析过程显得更为细致、科学与全面,说服力更强。

正如庄倩自己所说,这本书是中日对比研究与二语习得研究相互融合、东方视点与西方理论交互对照的一次尝试。我认为,这种尝试不仅新颖,而且十分有价值,真心期待这一成果可以促进和推动中日同形词研究的进一步发展。

受庄倩老师的抬爱,写了以上文字。是为序。

潘　钧

2018 年秋

序 二

在长达一千多年中日两国交流的历史中,人是交流的主体,也是交流活动的实践者;语言是交流的工具,是交流的媒介,也是历史的见证。

比较中日语言,两者之间存在着同形近义词。这类词,词形相似,词义有相通之处,又各有不同。这种"近"是中日语言在历史长河中激荡的产物,这种激荡包括中日两国国势的起伏、国力的制衡、东西方思想的碰撞、文化的汇融等,或许因为承载了太多的历史符号,所以显得如此特别。

庄倩是我院一线日语教师,同时也是一名日语语言学的研究者。她在南京大学外国语学院攻读博士期间,积累了良好的学术素养并打下了坚实的语言学理论基础。作为交换研究员赴日本早稻田大学交流访学期间,以研究者的身份扩展了语言实践的历史与现实。在教学与治学的过程中,她敏锐地观察到了中日同形近义词这一现象,并以此为对象展开了学术研究之路。

从教师开展教学工作的视角来看,这类词是学生在学习过程中最不容易掌握的词汇,经常出现误用,而在教学活动中又往往容易被忽视,目前仍缺乏有效的教学方法。她的研究除了具有交流方面的意义,更具有广泛的教学实践意义。从研究者的视角来看,她能够运用二语习得的相关理论,采用实证研究的方法,更为严谨、科学、深入地观察和了解中日同形近义词习得难的原因。我们可以从她的这本著作中看到研究的理论高度与创新性。

用理论指导实践,用实践拓宽理论,这是科学发展的必然之路。庄倩的这本专著很好地遵循了这一规则,我相信凝聚她诸多心血的这本专著一定可以为中国日语教师开展教学活动提供有价值的指导,同时也会为日语教学的研究者们更为蓬勃地开展科学研究提供一个新思路。

语言学研究服务于国家、社会与人民,任重而道远。期待早日读到庄倩的又一部大作。

汪 平

2018 年 10 月 31 日

前　言

　　研究中日同形近义词是与笔者的学习经历有关的。作为一名日语的研究者，我同时也是一名日语学习者，有着多年的日语学习经历，但在使用中日同形词的时候还会经常犯一些错误。比如，在一次校际交流活动中担任口译的时候，在翻译"培养人才"这一短语时，我随即译为「人材を培養する」。事后经提醒，我才意识到"人才"的"培养"是不能用「培養」的。在日语中「培養」一般只用于培养"细菌"。对此，我有过反省，认为自己对于这一知识并非不了解，但在产出的瞬间，却毫不犹豫地选择了和母语表征相同的汉语词，没能避免母语词义的干扰。

　　同样的情况不只出现在笔者一人身上。在日本早稻田大学日本语教育研究科留学及访问研究期间，我经常和当地的日语教师交流中国学习者和欧美学习者的差异，其中有一点特别突出，那就是在语言表达时，中国学生受母语的影响很深，因为字形、词形相近，学习者往往很难体会到两国语言间的差异，特别是词义、用法上的一些比较细微的差异，经常会直接把汉语词汇音读之后当作日语词汇来产出，出现用词不当的情况。中国日语学习者的误用研究中也多次提到了这一点。但是却对于这一现象产生原因却缺乏系统性、理论性的观察。

　　二语习得研究与教学活动息息相关。我一直在思考自己的研究在教学实践中可能发挥的作用。"中日同形近义词"虽然难，容易出错，但并不是在所有情况下，所有的该类词或者词义项都会引发学习者的困难。那么，在汉语母语学习者中,中日同形近义词的习得情况究竟如何? 什么是他们难以克服的真正的困难? 又是什么因素造成了这些困难? 只有了解了这些,才能真正帮助教师和学生合理地安排教学活动,最终促进学习者的习得。幸而二语习得领域中,已经存在相关的理论和实践性研究能够帮助我们去解决这些问题。

本书在梳理了现有与中日同形近义词相关的对比研究、误用研究、习得研究现状与问题的基础上,通过分析中国高校日语专业学生该类词的产出状况,实证考察了影响该类词习得难度的各类因素,阐明了中国日语学习者难以习得该类词的原因。结果证明母语与目标语词义的差异是影响学习者中日同形近义词产出难易度的一个重要因素,而不是唯一因素。解答了陈毓敏(2003)、加藤(2005)等研究未能解决的 O1、O2、O3 难易度的问题,验证了一直以来被忽略的词性差异因素的存在。此外,第一次将词汇本身难易度因素纳入中日同形近义词难易度影响因素中讨论,并加入对学习者日语水平因素、测试条件因素的观察,使得对中国日语学习者中日同形近义词习得及其影响因素的认识更为系统、全面与精确。

本书是在笔者博士论文的基础上修改、补充、调整而成的。其中部分研究成果已经在国内外多个学会上进行了汇报,论文也陆续发表在《日语学习与研究》《日语教育与日本学》等学刊上。可以说,这本书记录了我在学术道路上留下的每一个脚印,也凝聚了十多年来我对中日同形词习得问题的持续的思考。

在本书出版之际,我首先要感谢我的博士生导师丁言仁教授。丁老师用宽厚的胸怀、深邃的智慧、广博的知识引导着我走入了学术的大门。我要感谢陈新仁教授,无论是博士论文的写作还是本书的构成,陈老师都给予了许多富有建设性的指导。我还要感谢王海啸教授、张韧教授、Don Snow 教授、皮细庚教授、吴侃教授、揭侠教授、小宫千鹤子教授以及铃木义昭教授,他们对我的研究提出了宝贵的意见与建议。我还要感谢北大日语系博士生导师、中日同形词研究的先行者潘钧教授和我校日语语言学学科带头人、外国语学院副院长汪平副教授欣然为本书作序。感谢南大出版社编辑老师们的辛勤付出。感谢外院特别是日语系的各位领导、老师和同事们一直给予的关怀和照顾。同时感谢家人的理解、陪伴和支持。

另外，本书是南京大学"985工程"三期建设项目"全球化语境下的外国语言、文学与文化研究"（NJU985JD05）子课题"日本社会与文化研究"中"中日同形近义词的习得研究"的研究成果之一。由于本人水平有限，书中难免会有一些疏漏与错误，还请读者们不吝赐教。

目　录

第一章 导 论

中日同形近义词,在许多研究中也被称作汉日同形近义词、中日同形类义词、汉日同形类义词等,是中日同形词的一个分支,源于中日词汇对比研究。这类词由于具有汉语与日语词形相同、词义和用法部分相同部分不同的特征,受到了中日学者、特别是从事日语教学的研究者们的广泛关注与重视,该类词的习得研究也成为日语教学理论研究及实践过程中不可回避的课题。

本书第一章将首先介绍与中日同形近义词习得相关的研究背景,并介绍本书涉及的研究问题、研究方法以及期待达成的理论与实践目标,最后介绍本书的结构。

1.1 研究背景

1.1.1 中日同形近义词的重要性与特殊性

日语词汇从来源上可分为固有语、借用语和混种语三大类(见图1.1)。其中固有语也被称作“和语词”,是指日语在与其他国家语言进行交流之前的固有的词汇,如「桜」(樱花)、「入る」(进入)等。而借用语又被细分为“汉语词”和“外来语”两类。其中,“汉语词”从来源上包括从古代中国传入到日本的词语,如「天地」(天地)、「降雨」(降雨)等;也包括日本仿照汉语自己创造的“和制汉语”,如「案内」(带领)、「火事」(火灾)等;还有明治时期日本吸收西方文化时所借鉴的西方传教士编纂的汉译洋书和英华字典中的词汇,如「哲学」(哲学)、「物質」(物质)等,这类词也被称作“翻译词(翻訳語)”;以及在这一时期创作的新词,如「病的」(病态的)等。“外来语”是指从中国以外的其他国家的语言，主要是从西欧语系中引入的词语。"混种语"则是指以上各类语言的复合组成。本书中所论述的中日同形近义词属于借用语中的汉语词一类。

汉语词在日语词汇中占有相当大的比例。1964年，日本国立国语研究所发表的《90种现代杂志的用字用词》的研究结果表明其中出现的汉语词的区别词数(类符)占47.5％，高于和语词的36.7％。同一机构1980年的《日本知识阶层口语语言的实际情况》研究结果为汉语词的区别词数的比例占到了40％。宫岛(1993)对《例解国语辞典》的统计分析表明汉语词的区别词数占53.6％。2005年国立国语研究所的《现代杂志的词汇》调查表明汉语词区别词数占34％，而在总计词数上所占比例为50％。汉语词在日语特别是现代日语书面语中的大量存在使得该类词成为学习者学习日语词汇时的重点。

从中日语言对比的角度出发，汉语词依据两国词汇在词形上是否一致，可细分为两类。一是"中日同形词"。简单地说，是汉语和日语中采用相同的汉字进行标记，并在现代汉语和现代日语中使用的词。比如「英語」和"英语"、「先生」和"先生"等。虽然"英语"与「英語」中，日语汉字「語」与汉语汉字"语"在书写上存在细微差异，但是这样的词仍被认为是中日同形词。另一类则是"非中日同形词"，是指虽然采用汉字来标记，但却无法在中国汉语中找到和其标记相同的词。比如，「愛想」(善意)、「都合」(方便)等。汉语词中3/4左右的词都是中日同形词(日本文化厅，1978；陈毓敏，2002)。对于中国日语学习者来说，母语与目标语词形相同这一特征，使得该类词汇的习得轨迹具有相当的特殊性。

本书重点讨论的中日同形近义词则属于中日同形词中的一类(见图1.1)。简单地说，就是中日同形词中日语和汉语词义和使用相近但又有不同的词。如「反対」(在日语中既有"反对"的意思，也有"相反"的意思)；「地方」(日语只包含表示和"中央"相对的地区的意思，没有汉语"地点"的意思)。此外，词义完全相同的中日同形词被称作为"中日同形同义词"，词义完全不同的则被称作是"中日同形异义词"。由于定义与分类较为复杂，将在第二章中对其详细论述。

对于中国的日语学习者来说，不同类型的中日同形词其习得难度是不同的。陈毓敏(2002)、加藤(2005)的实验结果表明，日语学习者在学习中日

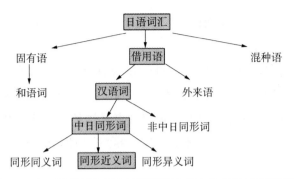

图 1.1　中日同形近义词在日语词汇分类中的归属（阴影部分）

同形同义词时，因为母语与目标语具有相同的词形、词义及用法，因此习得难度较低；而学习同形异义词时，对词义及用法的掌握最初会受到词形的干扰，但一旦获知中日两国语言在词义上的差异，则比较容易解除困扰。而学习中日同形近义词时，由于中日两国语言的语义及使用只存在部分差异，使得学习者难以辨认，容易忽视，所以，即便是日语水平较高的中国日语学习者仍然无法完全习得。因此，中日同形近义词被认为是汉语词中最难习得的一类词（加藤，2005），该类词对于以汉语为母语的日语学习者来说具有相当的重要性和特殊性。

1.1.2　中日同形近义词习得研究的稀缺性与必要性

中日同形近义词的相关研究按照研究对象、研究目标以及研究方法进行划分，可以分为语言研究、教学研究及习得研究三大类。

语言研究的分析对象是中日同形近义词本身，通过或历时或共时、或量化或个案调查的分析方式描述中日同形近义词的特征。具体说来，包括从历史、社会文化等角度剖析词义差异形成原因的研究，如荒屋（1983）、潘钧（1995）、夏智慧（2007）[①]等；从构词法、语义、语法功能等方面描述中日同形近义词的差异并对其进行定义、分类的研究，如日本文化厅（1978）、三浦（1984）、上野及鲁晓琨（1995）、曲维（1995）等。何宝年（2012）对中日同形词

---

　① 在排列多个参考文献时，由于日本作者的姓氏多为汉字，所以其读法存在按照汉语发音来读还是按照日语发音来读的问题。为了避免这一麻烦，本书将不采用姓氏字母排列的方式，而是按照论文公开发表的时间排序。另外，中文作者均列举全名加年份，日文和英文作者只列举姓加年份。

进行了全面系统的研究,既论述了中日同形词词义差异产生的原因,也包含词性、使用差异的比较。

教学研究则是研究者以教师的身份,从课堂教学的视角出发,通过分析中日同形近义词的产生原因,具体对比中日同形近义词的词义与用法,并且利用搜集归纳学习者误用等方式加深读者对该类词的认识和理解,最终对该类词的教学法提出建议。如毛峰林(1999)、王晓(2004)、黄莺(2006)、柳娜(2008)等。

而习得研究是一门实证性科学,观察对象是学习者,其研究目标在于了解学习者习得这一类单词的过程与结果。这一研究可以分为三种。一是中介语研究。主要研究学习者的错误、习得的发展顺序、语言的变异性等。如菱沼(1980)、候仁峰(1998)、陈毓敏(2002、2003b)、加藤(2005)、张麟声(2009)等。二是认知机制研究。主要研究学习者词汇的心理认知机制、母语迁移过程等。如小森、玉冈(2008、2010)、大井、斎藤(2009)、小森(2010)等。三是影响学习者习得该类词的内外部因素研究。如输入输出环境的影响、学习者个体差异等,如Kato(2011)。

在中国期刊全文数据库以"中日同形词"为关键词进行搜索,自1983年至2018年上半年共有83篇相关论文发表。其中95%以上都属于以上分类中的第一、二类研究,二语习得类论文不到5%。采用实证研究方法的论文更是寥寥无几。如果添加"同形近义(类义)词"在结果中继续搜索,便可发现83篇文章中聚焦中日同形近义(类义)词的研究仅有10篇,而且都是第一、二类研究,没有习得研究。施建军(2013)把我国和日本发表的与中日同形词相关的300余项研究成果分成了"中日词汇交流(历时)""中日汉字词汇体系比较(共时)""中日同形词意义用法比较"等,也未涉及习得研究。

第二语言习得研究自20世纪60年代开端以来,其理论的兴起与发展不断推动着外语教学的进步,但与英语习得研究相比,日语方面仍较为滞后。此外,与语法习得相比,词汇习得研究起步较晚。因此在中国国内,相关理论尚未渗透到日语词汇教育研究中,中日同形词特别是中日同形近义词的习得研究十分稀缺。

1.2　研究内容与研究方法

1.2.1　研究内容

"中日同形近义词"被认为是中国日语学习者日语表达时误用最多、最难以习得的一类词,然而目前对于此现象的理解较为单一,认为难度仅来自母语与目标语在词义上的差异,讨论的焦点多围绕母语的迁移,特别是负迁移展开。通过笔者观察,并不是所有的该类词或者与母语不同的词义项都会引发学习者的困难。那么究竟是什么影响了学习者习得的难易呢?

Laufer(1991)将影响词汇习得的因素分为"词汇交互因素(interlexical factor)"和"词汇内部因素(intralexical factor)"。词汇交互因素是指目标语与母语、未知的目标语与已知目标语之间的影响,而词汇内部因素是指与词汇本身特征相关的因素,如词的拼写、词性等。因此,母语与目标语的差异只是造成学习者习得困难的一个因素,而不是唯一因素,对于中日同形近义词这类特殊词汇需要更为全面、系统的观察。

另外,R.Ellis(2005、2009)、小林(2001)等的研究均提到了实证研究中测试类型的影响,认为测试是否具有时间限制会导致测试结果的不同。两类测试结果的差异也可以反映出学习者词汇知识的存在状态与习得程度。这些研究对于解释前言中笔者提到的翻译「培養」一词的亲身经历有着很大启示。

本着结合理论解决实践问题的研究理念,本研究将融合这些二语习得研究的最新观点和成果,通过四类因素观察中日同形近义词难易度的形成原因:一、母语与目标语差异因素,也就是汉日差异造成的影响,主要解答中日同形近义词在汉语与日语中包括词义在内的各种差异是如何影响习得难度的;二、词汇本身难易度因素,主要观察该类词词汇本身难度(频率、学习者熟悉度等)差异是否以及如何影响习得的难易;三、学习者日语水平因素,主要解答以上因素对不同日语水平的学习者的影响是否相同以及有何种不同;四、测试条件差异因素,通过比较限时测试及非限时测试的结果,观察学习者词汇知识的有无,并推断其储存知识是隐性的还是显性的。其中,一、二为词汇因素,三为学习者因素,四为外部因素。

本研究将学习者的产出结果作为判断习得状况的依据,其原因在于:一、语言产出是习得过程输入、吸收、输出循环中的最后一步,能够比较直观的反应出学习者现有的知识与能力状况;二、中国学习者习得中日同形近义词过程中表现出的最大问题就是产出时容易出现错误,产出结果较差。因此,对产出结果的把握更有利于解决教学实践中的问题。

1.2.2　研究方法

为了深入了解中国日语学习者中日同形近义词的习得状况,了解习得困难产生的原因,本研究主要采取实证研究的方法。首先,梳理相关文献,对影响学习者习得难度的因素进行假设。然后,设计测试问卷,收集测试结果,并对该结果进行统计分析,对可能影响中日同形近义词习得的四大因素的存在及其相互作用进行了验证和讨论。实验步骤分为:一、变量设计;二、问卷制作;三、测试实施;四、测试描述、评分并统计分析四个部分。将在第三章对此详细论述。

1.3　研究目标

1.3.1　理论目标

本研究期望在理论上实现以下四个目标:一、拓展现有的中日同形近义词习得研究的理论框架;二、完善现有中日同形词难度测试的实验设计;三、对二语习得理论中以 Laufer(1990、1991、1997)为代表的影响词汇习得难度因素理论进行验证;四、丰富词汇习得研究中的产出理论研究。

在 1.1.2 节中已经提到,日语学界对于中日同形近义词的关注由来已久,但无论是对比研究、教学研究还是习得研究都只关注了该类词母语与目标语的差异这一单一因素,缺乏对该类词习得的全面认识。

具体来说,在中日同形词的相关研究中,最为关注是中日两种语言的近似性产生的影响。然而讨论近似性时,母语的影响往往被扩大了。Laufer(1990)指出,语言习得难易度并非只受一个原因影响,而是受多个原因互相作用后产生的结果。可惜的是很少有研究把这些原因放在一起来探讨。虽有研究在对母语影响进行分析的同时,也提出可能存在其他影响因素,但并没有放入到同一个实证研究中进行验证。笔者也认为,虽然中日同形近义词具有母语与目标语标记相同这一独特性,但中国学习者在学习这一词汇的过程中,母语的影响与其他因素是互相作用的,绝非分离的、独立的。因此,本研究希望通过对词汇本身难易度因素、学习者日语水平因素以及测试条件因素这三类因素进行验证,更加全面地剖析中国日语学习者中日同形近义词的习得状况及影响原因,拓展现有的理论框架,实现第一个目标。

另外,现有的中介语研究在实验设计上存在一定的缺陷。因为这类研究没有区别自己的结论是基于词汇"理解"上的还是基于词汇"产出"上的。而且,由于在不同的测试条件下大脑处理信息的方式不同,实验中如果忽略了对测试时间的控制,也会最终影响测试结果。因此,本研究希望通过创新地引入词汇习得理论中的"理解"和"产出"、"显性"和"隐性"这两组重要概念,提高实验设计的合理性及实验的可信度,以实现第二个目标。

本研究的第三个目标是对二语习得理论中影响词汇习得难易度因素的观点进行验证和补充。由于词汇本身缺乏系统性等原因,尽管存在 Laufer (1990、1991、1997)等关于影响词汇习得因素的研究,但是把焦点对准某一类特殊的词类、剖析该类词影响因素的研究仍然屈指可数。在现有研究中,影响词汇习得的难易因素已有一些结论:包括词汇本身特质的影响(如发音、构词、意义、句法、频率方面的特征对词汇习得影响)和学习者的个人(认知)影响(如学习者年龄、语言水平、认知习惯等对习得影响)两大方面。但是,首先,这些结论很少是基于汉语母语学习者学习日语而得出的,因此究竟能否适用于解释中国学习者的日语习得还有待于验证。其次,上述研究多是对词汇的宏观性研究,对于某一词类,例如本文中的"中日同形近义词"这类公认比较难以掌握的特殊词类来说,其影响是否存在以及如何发挥作用也需要进一步地验证。因此,对中日同形近义词难易度及其影响因素的细致观察一定能够深化和补充现有的影响词汇习得难易度因素的理论。

因为本研究主要依据两类产出测试的结果来讨论学习者的习得状况,所以,第四个目标是通过对词汇产出结果的观察和分析,丰富现有词汇习得研究中的产出理论研究。Barcroft(2004)列举了目前词汇习得研究所包含的 10 个方面,其中包括:1. 词汇偶发性学习;2. 理解所需的词汇方面的条件;3. 输入的加强与以文本为基础的要素;4. 词汇学习策略;5. 词汇的直接与非直接教育;6. 直接教育的方法;7. 以词汇为基础的学能形成的决定因素;8. 双语者的心理辞书;9. 词汇的理解与产出知识;10. 词汇输入过程。同时,Bogaards 和 Laufer(2004)也对目前的词汇习得研究的 12 个方面进行了概括,其中包括:1. 词汇知识的构建(包括词汇理解与产出知识的差异,词汇知识与词汇使用之间的差异);2. 词汇知识与语言能力的关系;3. 频率在词汇学习中的作用;4. 词汇学习中任务类型的影响;5. 字典及电子工具在词汇学习中的使用;6,互动性任务;7. 显性学习与隐性学习;8. 偶发性与有意识的学习;9. 学习新词与学习旧词新义。10. 词汇的发展过程;11. 学习者理解与学习新词的策略;12. 词汇知识的测定。可以看出,上述研究涉及词汇的产出(使用)的部分多是作为"理解"的相对概念出现的。与词汇的"输入"相比,"产出"研究还尚未受到重视。门田、池村(2003)也指出了在词汇习得研究中,关于词汇产出的研究尤为不足的问题。本研究不仅将观察的重点放在了产出,而且区分了延时测试与瞬时测试两类不同的产出测试条件,二者差异的描述与分析将为现有的词汇产出理论提供依据和补充。

1.3.2　实践目标

俗话说"事出有因","中日同形近义词"被认为是日语词汇中误用最多、最难习得的词,而本研究的核心问题就是解决到底是什么原因影响了"中日同形近义词"的习得难易度。因此,在实践方面,笔者期待能够通过实证分析的结果,为学习者正确对待该类词的学习,为日语教育工作者选择更好的教学方法、编写更加恰当的教材提供思路和依据。

具体来说,如果词义差异因素的影响得到了证实,那么在教学过程中就可以对错误率较高的词类特征进行重点学习、教授,以提高学习者的产出正确率。如果词性差异因素的影响得到证实,那么在词性和词义上同时存在差异的中日同形近义词就应该受到更多的重视。如果学习者因素和测试条件的影响被证实,则说明学习者在不同时期、不同条件下产出该类词的难易度是不同的,这也就能够让学习者更加了解该类词的习得特征,也能够帮助教师更准确地评估学习者的习得情况。

因为本研究是针对实践中出现的具体问题而做出的选题,所以一定能够为实际教学应用提供指导。本文的第八章将具体讨论目前我国中日同形近义词教学中存在的问题，并提出指导方案。

1.4　本书结构

本研究的本论部分从第二章起至第八章止，共分七个章节。

第二章"中日同形近义词的定义、特征与分类"将对该类词进行定义、描述和分类，通过中日对比的方式对本研究涉及的 20 个中日同形近义词进行具体描述。

第三章"中日同形近义词的习得研究"则具体归纳现有教学研究、习得研究的成果及存在问题，介绍本研究的实验设计及实施过程。

第四章"汉日差异对中日同形近义词习得的影响"主要探讨母语与目标语在词义、词性上的差异对学习者产出难易度造成的影响。

第五章"词汇本身难度对中日同形近义词习得的影响"主要探讨学习者产出初级词汇、中高级词汇的难度差异以及该因素与汉日差异因素的相互影响。

第六章"不同水平学习者中日同形近义词的习得"主要讨论不同日语水平的学习者在产出中日同形近义词时的共同点与差异以及该因素与各类词汇因素的交互作用。

第七章"不同测试条件下中日同形近义词的习得"主要讨论在限时测试与非限时测试条件下，学习者产出状况的异同以及该因素与词汇因素、学习者因素的交互作用。

第八章"结论"部分总结了实验的主要结论，阐述该结论在理论与教学上的启示。分析目前中日同形近义词的教育实践中存在的问题，并提出改进方法。最后对本研究的局限性加以陈述，并对今后的研究课题进行展望。

第二章 中日同形近义词的定义、特征与分类

要想科学地判定和描述中日同形近义词中的"近"字并不是一项简单的工作。本章将从中日对比语言学的视角详细地描述和分析这一概念的定义、特征及分类。此外,本章还将具体对比 20 个中日同形近义词在两国语言中词义与语法功能的异同,为验证中日差异对学习者产出难易度的影响做准备。

2.1 中日同形近义词的定义

在定义什么是中日同形近义词之前,首先要弄清楚什么是中日同形词。本节将首先梳理中日同形词的概念及分类。主要参考文献有:日本文化厅(1978)、荒屋(1983)、三浦(1984)、大河内(1992)、潘钧(1995)、上野和鲁晓琨(1995)、曲维(1995)、范淑玲(1995)、柳纳新(1997)、竹田(2005)、陶振孝(2007a、b)、施建军(2013、2014)等。

2.1.1 中日同形词的定义与判断依据

在第一章已经提到,中日同形词属于日语借用语中"汉语词"中的一类。汉语词也被称作是"字音语",是用汉字书写,并且借用中国古代汉语读音的方式发音的词(被称作"音读"词)。在这类词中,有一部分是由古代中国传入日本的词。荒屋(1984:19)中提道:"大陆文化是从 3 世纪开始传入日本的,汉字传入日期虽然不确定。但是 5 世纪到 6 世纪期间,汉字已经在我国广泛使用了。"依据汉字传入的地区与时期,其读音还可以分成"吴音""汉

音"和"唐音"。

在日本人逐渐掌握各个汉字的发音后,汉语词作为外来词的属性逐渐被遗忘。17 世纪初,日本开始接受西方文化的影响,到了 18 世纪中后期(明治维新时期)翻译和介绍了大量的欧美著作。在这一过程中,除了使用古代汉语中有典可依的汉语词之外(如「保険」"保险"、「革命」"革命"①),日本还利用汉字的发音自创了大量的汉字词汇,被称作"和制汉语",也被划归为汉语词一类(如「背景」"背景",「定義」"定义")。随着清末民国时期,特别是五四运动时期中日文化的交流,这一类词又回传到了中国,成为现代汉语中的一部分。因此,可以说中日两国历史悠久的文化交流就是中日同形词大量存在的原因。

在语言学研究中,中日同形词有很多定义。大河内(1992)指出,中日同形词是指双方都用汉字标记的词(同形語とは双方同じ漢字で表記される語である)。三浦(1984)指出,同形词是指存在于汉语和日语中的具有一样形态的汉语词(日中同形語とは、日本語と中国語に存在する同じ形を持つ漢語のことである)。潘钧(1995)提出了判断中日同形词的三个条件:1. 都用汉字来标记;(不考虑繁体字、简体字以及形容动词的词尾变化等因素) 2. 具有相同的起源;3. 现代汉语和现代日语中都在使用的词。

2.1.2　中日同形词在本书中的界定

潘钧(1995)的判断标准被认为可以界定中日两国正在使用的同形词汇(施建军、2013)。然而,随着相关研究的深入展开,中日同形词的概念和范围仍在发生变化。如,施建军(2014)提出了"标准中日同形词"与"广义中日同形词"两类。因为本研究主要围绕中国日语学习者如何习得日语中的中日同形词展开,所以下面将对本书中使用的中日同形词的概念进行界定。

---

① 「保険」作为英语"insurance"的翻译,被认为是取自《隋书刘元进传》"其余党往往保险为盗"以及权德兴的《歧公遗爱碑》"朱崖黎民,保险三代"。「革命」作为英语"revolution"的翻译取自《易经·革卦》"汤武革命,顺乎天而应乎人"(荒屋,1983)。

首先,中日同形词同时存在于两国语言中,既可以指日语中的中日同形词,也可以指汉语中的中日同形词。本研究旨在观察汉语母语者如何学习日语,所以以下提到的中日同形词特指作为学习者的目标语、也就是日语中的中日同形词。

其次,中日同形词被定义为是在汉语与日语中采用相同汉字进行标记的词。但是,汉语的某些汉字和日语的书写方式略有不同,如汉语的"简单"和日语的「簡単」、汉语的"复杂"与日语的「複雑」。本研究的考察是以词为单位的,主要讨论的是词的意义和使用,所以"标记相同"这一标准是宽松的,将忽略某个汉字在书写上的细微差异。

此外,中日同形词按照构词数量还可以分为单字词如「愛」与"爱",二字词如「中国」与"中国",多字词「唯々諾々」与"唯唯诺诺"等。其中,二字词的数量最多[①],在现有的文献研究中的讨论也最多,故本研究所涉的中日同形词特指二字中日同形词。

还有,中日同形词属于借用语中汉语词中的一类(参照第一章图 1.1)。因此,有些和语词虽然看似是中日同形词,但并不是汉语词,也未被归入本研究所指的中日同形词范围内。例如,「手紙」"信"(tegami)、「紙袋」"纸袋"(kamibukuro)两个词虽然与汉语采用了相同的标记,但其读音采取了日本本土固有读音,而不是借用(古代)汉语的读音来读,所以并不是本文中所指的中日同形词。

最后,本文涉及的中日同形词都设定为现代日常生活中使用的语言范围内,而非追究古代曾经存在但在现代语言中已经产生变化或消失的用法及意义。以「楽観」"乐观"一词为例,现代汉语中,该词被解释为"精神愉快,对事物发展充满信心"。但《史记·货殖列传》中有"乐观时变"一句,其中的"乐观"是指"善于观察"之意;鲁迅《书信集·致黄源》中有"有图有说,必为读者所乐观"一句,其中的"乐观"为"喜闻乐见"之意。这些词义和用法在现代汉语中已经消失,因此并不在讨论的范围之内。

---

①　日语对单词长度的统计多按照音节来计算。据对 NHK《日本发音词典》47 000个词的音节的调查表明,日语词汇中 4 音节的词的数量最多,约占 38.3%;3 音节的词占 22.7%,其中二字汉语词占了相当大的一部分。

2.1.3 中日同形词的分类

中日同形词是在中日两国源远流长的历史文化交流中出现的,其中许多词的词义与使用也随着时代的变迁而发生了改变。日本文化厅(1978)搜集了约 2 000 个汉语词,依据汉语词典和日语词典义项的对比,将它们分为了四类。1. S(same):中日在词义上相同或者极为相近的词,如「医学」"医学"、「去年」"去年"等,在后来的研究分类中被称作是"同形同义词"(见柳纳新,1997;陈毓敏,2002;加藤,2005;小森,2010)。2. O(overlap):词义出现部分重合,但各有不同的词,如「意見」"意见"(日语的「意見」没有批判否定的意味)以及「專門」"专门"(日语的「專門」还有专科的意思,如「專門学校」)等,在后续研究中被称作是"同形近义词"或"同形类义词"。3. D(difference):词义完全不同的词如「汽車」"汽车"(日语的「汽車」是"火车""蒸汽火车"的意思)以及「新聞」"新闻"(日语的「新聞」是"报纸"的意思)等,在后续研究中被称作是"同形异义词"。4. N(nothing):是指汉语中不存在的日语词,如「案外」"出乎意料"以及「布団」"被子"等,也就是非中日同形的汉语词。

日本文化厅(1978)的这一分类被认为是关于汉字音读词(中日同形词)的最具代表性的研究。但是,该分类并未使用中日同形词这一概念,更没有对中日同形词的各个分类进行严格的明确的定义。后续的对比研究在中日同形词的分类上也存在不少分歧。那么,如何判断一个中日同形词是属于中日同形同义词、中日同形近义词还是中日同形异义词呢? 本研究将首先对同形同义词、同形异义词进行界定,然后再确定同形近义词的定义与划分标准。

2.1.4 中日同形同义词与中日同形异义词的定义

中日同形同义词被认为是同形词中数量最多的词,这些词多属于动植物的名称与学术用语,例如,「梅花」「鮮魚」「生物」「哲学」「数学」「去年」等。日本文化厅(1978)将汉语词的三分之二都划归为同形同义词一类。曲维(1995)将中日同形词分为中日词义基本相同的中日词义局部相同的和中日词义完全不同的三类,并依据《日本语教学基本词汇七种比较对照表》进行计算,认为日语与汉语词义基本相同的词占中日同形词总数的87.5%。但是,后续研究指出,被认定是同形同义词的词事实上应该是同形近义词。

陈毓敏(2002)指出,日本文化厅(1978)中被归为 S(同形同义词)的部分词在张淑荣(1987)中被归为了 O(同形近义词)一类,认为"意义相同不代表使用方法相同,所以不能够简单地只按照词义来划分①"(陈毓敏,2002:98)。此外,曲维(1995)也指出,他所说的"中日词义基本相同的词"中包括一些在语感、色彩、用法上与汉语有着细微差别的词,"切不可不假思索地使用"(曲维,1995:35)。

因此,中日同形同义词应是汉语和日语在词义、使用上完全相同的词。如果该词词义相同,但是在汉语与日语中存在语法功能及语用上的差异的话,不应该被称作是中日同形同义词。

同样,中日同形异义词作为与同形同义词和同形近义词同一逻辑水平的分类,也应被界定为是严格意义上的、汉语与日语在词义和使用上完全不同的中日同形词。如果参照上野和鲁晓琨(1995)②的分类,它既可以包括汉语与日语在词义及用法上完全不同且没有任何关系的同形词,也包括两国语言在词义及用法上不同、但具有一定联系的词。

前者例如日语的「大名」和汉语的"大名"一词。汉语的"大名"依据商务印书馆《现代汉语词典》第五版的解释是指"人的正式名字;盛名;尊称他人的名字"。而日语意思依据上海译文出版社、讲谈社《日汉大辞典》的解释是指"日本占有许多名田的名主;日本守护大名;日本战国时代将部分领地分给家臣,统一管辖领地内的独立的领主;日本江户时代,直接供职于将军、俸

---

①　该句为笔者翻译,原句为「意味が共通であっても用法が異なる場合があるので、単純に意味のみで分類することができないだろう」。

②　上野和鲁晓琨(1995)仅把中日同形词划分为同形同义词和同形异义词两类,认为只要两国语言间存在差异,不管差异的大小、多少都叫同形异义词。然后又把同形异义词分为了三个部分:第一部分为意义用法不同的同形词;第二部分为意义用法近似的同形词;第三部分为意思存在重合的同形词。关于第一部分,提出了无论其词义是否存在关联,只要词义与用法完全不同,就属于意义用法不同的同形词的标准。

禄在一万石以上的领主"。可以看出无论在词义还是用法上,日语与汉语没有任何的联系。

后者例如,日语的「汽車」(为"蒸汽火车"之意)与汉语的"汽车"一词,日语的「検討」(为"讨论"之意)与汉语的"检讨"一词等。虽然蒸汽火车与汽车一样都属于"车",讨论与检讨都包含"分析"的词义在里面,有一定的联系,但是指代的词义是完全不同的,也属于中日同形异义词。

2.1.5　中日同形近义词的定义

在界定了中日同形同义词、同形异义词之后,可以说,除此之外的中日同形词就是中日同形近义词。但如果要对其做出一个明确的定义,我认为可以借鉴 Nation(1990、2001)对词汇知识的论述。该研究将词汇知识分为形式、意义与使用三个方面,对于学习者来说,每习得一个词汇就意味着掌握该词汇三个方面的全部知识,并可以熟练正确地使用该词。中日同形近义词母语与目标语的形式是相同的[①],主要是在意义与使用存在着部分交集,但是也存在着一定差异。考虑到中日同形近义词无法脱离中日同形词的概念,所以本研究将其定义如下:

中日同形近义词是汉语和日语在词义、使用的某一方面存在相同部分,同时存在差异的中日同形词。

2.2　中日同形近义词的特征与分类

2.2.1　中日对比研究的描述

关于如何描述中日同形近义词在中日两国语言中的异同,三浦(1984)、上野和鲁晓琨(1995)、曲维(1995)、范淑玲(1995)、柳纳新(1997)等中日对比研究都从各自的视角进行了论述。每个研究的表述和分类不同,涉及的差异大致可以归纳为以下九类(表2.1)。

---

① 在界定中日同形词时有具体描述。

表 2.1　中日对比研究提出的中日同形近义词的特征

中日同形近义词的特征		具体研究
一	词义重合/部分词义相通/词义局部相同/词义范围不同	日本文化厅(1978),上野和鲁晓琨(1995),三浦(1984),范淑玲(1995),柳纳新(1997)
二	词义的虚实不同(抽象、具体)	柳纳新(1997)
三	词义的微妙差别	柳纳新(1997)
四	语义强弱/语气强弱/语感强弱	上野和鲁晓琨(1995),曲维(1995),柳纳新(1997)
五	语义色彩(感情色彩/语体色彩)	上野和鲁晓琨(1995),范淑玲(1995),曲维(1995),柳纳新(1997)
六	语义对象/使用对象/修饰对象/动宾对象/使用习惯不同	上野和鲁晓琨(1995),曲维(1995),柳纳新(1997)
七	构词法不同	柳纳新(1997)
八	词类语法功能/词性不同	曲维(1995),范淑玲(1995),柳纳新(1997)
九	单义词/多义词	曲维(1995)

说明:各研究对于某一特征的描述方式不同,故用"/"符号隔开列举。

　　第一类,词义范围不同(词义既有重合部分又有特有部分)。这是中日同形词研究中最广为关注的一种差异分类,也是大多数词汇习得研究中使用的分类。按照这一标准,中日同形近义词又可以分为三小类。

　　1. 日语与汉语具有相同义项的同时,日语具有汉语所没有的独有义项的词。小森(2010)称该类词为 O1 型。加藤(2005)则表示为"日＞中"型。现有研究多采用图示中日同形近义词汉语词义与日语词义的差异。(下图中外圈为汉语独有词义项,内圈重叠部分为共有义项)

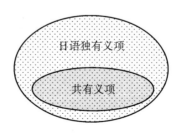

　　2. 日语与汉语具有相同义项的同时,汉语具有日语没有的独自的义项

的词。(下图中外圈为汉语独有词义项,内圈重叠部分为共有义项)小森(2010)称该类词为 O2 型。加藤(2005)则表示为"日＜中"。

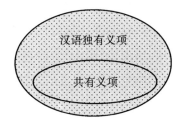

3. 日语与汉语具有相同意义项的同时,日语与汉语各具有独自义项的词。(下图中左外圈为日语独有词义项,右外圈为汉语独有义项,中间重叠部分为共有义项)小森(2010)称该类词为 O3 型。加藤(2005)简略为"日≠中"。

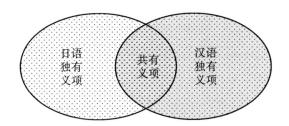

第二类,词义的虚实不同。柳纳新(1997)称抽象的概念为"虚",具体的动作行为为"实"。他列举了日语的「保持」与汉语的"保持",认为日语的「保持」既可以表示保持之意,又可以表示"手持,举着"这一具体的行为;而汉语"保持"只用于抽象概念。

第三类,词义的微妙差别。柳纳新(1997)列举了日语的「熱心」与汉语的"热心",认为两者基本意思相同,但日语的「熱心」多表达对事物的态度,而汉语的"热心"还可以用来形容人。此外,他还列举了日语的「単純」与汉语的"单纯",认为日语的「単純」侧重表达不好的事物,而汉语是一种好的评价。

第四类,语气语感的强弱不同。上野和鲁晓琨(1995)列举了日语的「抱負」与汉语的"抱负",认为日语的「抱負」可以只是一种打算,而汉语则有"宏图大志"之意。曲维(1995)则描述了日语的「反省」「質問」与汉语"反省""质问"在语气强弱上的不同。柳纳新(1997)以日语的「頑固」与汉语的"顽固"

为例,认为汉语"顽固"只用于性质严重的事物,语感更强。

第五类,语义色彩的不同。其一,感情色彩差异(褒义贬义的差异)。如曲维(1995)列举的日语「手腕」与汉语"手腕"。前者是褒义的,后者则具有贬义色彩。其二,语体色彩差异(书面语与口语的差异)。比如上野和鲁晓琨(1995)列举的日语「起床」与汉语"起床"。前者在本族语中是书面语,而后者则是口语。范淑玲(1995)更列举了「当年」「打開」等多个具有该特征的中日同形近义词。

第六类,修饰对象不同,也被称作固定搭配的差异。例如上野和鲁晓琨(1995)列举的日语「参加」与汉语"参加"。汉语可以"参加会议""参加工作",日语却没有这种搭配。曲维(1995)以日语「囚人を護送する」为例,说明了汉语与日语在使用对象上的差异。柳纳新(1997)则列举了日语「莫大」「改良」「保護」在搭配上与汉语同形词的区别。

第七类,构词法的不同。柳纳新(1997)以日语的「事情」与中文的"事情"为例,描述了这一差异。日语的「事」与「情」之间是主从关系,不是"事"的意思,而是"事"的"情态",是事物的状况。这与汉语是不同的。

第八类,词类语法功能(词性)的差异。在日语中,词性分类方式纷繁复杂,按照日本国语教育中普遍采用的"学校语法"中的分类[①],日语可以分为两大类词:一类叫作"独立词(汉语中也称为实词,日语称「自立語」)",另一类叫作"附属词(汉语中也称为虚词,日语称「付属語」)"。"独立词"又分为两种,一种是需要活用(变形)的词,包括动词、形容词和形容动词(日语国语教育中把形容词按照构词形式分为两类,一类叫"形容词",一类叫"形容动词"。形容词多为和语词,而形容动词既有和语词又有汉语词。这两类都等同于汉语中形容词);另一种是不需要活用的词,包括名词、副词、连体词、接续词和感叹词。附属词也包括两种,一种是需要活用的词,即助动词;另一种是不需要活用的词,即助词。

---

① 对于"学校语法"词性分类的合理性日语学界一直存在很大争议(森山等,2011),日语教育学研究近几年来对其的批判尤甚(彭广陆,2011)。主要争议涉及"助动词""连体词"是否应当作为一种单独的词性分类等。因为中日同形近义词涉及的词性多为动词、名词、形容动词等实体词,争议较小,此外,无论日本中小学的国语教育还是日本现有的国语词典都仍然使用此分类,所以本文对其进行了沿用。

　　日语的中日同形词在词性上与汉语差异较大。曲维(1995)以「差別」「習慣」为例、柳纳新(1997)以「危害」为例均论证了这一特征。而范淑玲(1995)则更为详细地描述了具体的差异。该研究把日语与汉语词性不同的汉语词分成了词性不完全相同的词及词性完全不同的两类。

　　词性不完全相同的词类包括5种。1.日语是名词,加「する」后成为自动词(相当于英语语法中的不及物动词),而汉语是他动词(相当于英语语法中的及物动词)的情况。如「同意」"同意"。日语是自动词,表示对别人的想法持赞成态度,如「部長の意見に同意する」。而汉语中该词是可以直接加宾语的,如"同意部长的意见"。2.日语是名词,后续「する」成为自动词,而汉语兼有自动词和他动词的性能。如,「発展」"发展"。日语是自动词,表示"事物由小到大、由简单到复杂、由低级到高级的变化"。而汉语不仅有这一用法,还有"扩大(组织、规模等)"的用法。3.日语是名词,后续「する」成为动词,但是汉语只有名词用法的词。如「電話」"电话",日语中可以说「李さんに電話する」,但是汉语要加动词"打",说成"给小李打电话"。4.日语中只能作为名词使用,汉语既作为名词又作为动词的词。如「参考」"参考",汉语可以说"参考了田中的意见",而日语要说「田中さんの意見を参考にした」。5.在日语中只能作为名词使用,而汉语既可以作为名词又可以做形容词的词。如「理想」。汉语可以说"理想的生活",但是日语不能说「理想な生活」,而要使用「理想的な生活」的用法。

　　词性完全不同的词包括4种。1.日语是形容动词,或是名词兼形容动词,而汉语是形容词或副词的同形词,如「明朗」「深刻」「簡単」「熱心」「非常」「同様」等。因为她把日语中的形容词与形容动词看作是两种词性,所以做了这样的分类。但是,很明显,这只是词性名称上的差异而已。2.日语是名词,后续「する」构成动词,而在汉语中是形容词的词。如「緊張」"紧张",日语表达"我一上台就很紧张"的意思时只有「ステージに上がると、緊張する」的自动词用法。3.日语是名词,汉语是形容词的词,如「積極」「客観」「景気」。4.日语中是名词,汉语中是动词的词,如「危害」「犠牲」「平衡」等。可见有相当多的中日同形近义词在词性上存在很大差异,且与词义的表达紧密相关。

第九类,单义词多义词的差异。曲维(1995)中指出,日语的「大事」有两个义项,汉语"大事"只有一个。而汉语"保险"则比日语「保険」义项多。

以上九类特征基本涵盖了中日同形近义词日语与汉语各个方面的异同,但是,这些维度的边缘并不清晰,而且较为细碎,不利于实证研究的验证工作。

2.2.2　现有实证研究对各类特征的取舍

现有的实证研究往往只采用第一类特征"词义范围的大小"作为考察的对象。因为第二类至第六类特征都是对汉语和日语中的细微差别进行的描述,将这些纷繁复杂的个性特征在实验中逐一进行论证是相当困难的。

而且,这些特征严格说来都是词义差异的延伸。比如,在第二类"词义虚实不同"特征中,柳纳新(1997)所列举的日语「保持」一词。该词"手持,举着"这一词义完全可以看作是日语的独有义项。

此外,这种细致的分类不利于对中日同形近义词进行认定。例如,曲维(2005)认为日语「質問」和汉语"质问"是中日同形近义词,属于"语感强弱不同"一类。但是很明显,日语「質問」是"提问"的意思,虽然都是"问",但已与"质问"在概念范畴和使用上完全不同,应该被划分为同形异义词一类。

关于第七类特征"构词法的不同",笔者认为这一差异对于中国学习者掌握中日同形近义词具有相当重要的意义。但是到目前为止并没有发现相关研究讨论该因素对习得的影响。而且,该特征与其他几种特征相比较为独立,所以本研究暂不对该因素进行深入探讨。

第八类特征"语法功能的差异",近年来不断得到了研究者的关注,被认为是影响中日同形词产出的一个重要因素。翟东娜(2006:61)指出:"词是组成句子的最基本的单位。词义同时具有词汇意义与语法意义。"遗憾的是,现有研究往往将词义与语法功能分割开来。当讨论词性差异的影响时,仅仅局限于中日同形同义词;讨论词义差异的影响时,又对词性避而不谈。没有意识到词义与语法功能是紧密相连的。

在此,本研究将首先沿用小森(2010)等实证研究的分类,按照词义的对照,将中日同形近义词分为 O1、O2、O3 三种类型。O1 为在汉语和日语的共有词义之外,日语存在独有义项的中日同形词。O2 为在汉语和日语的共有词义之外,汉语存在独有义项的中日同形词。O3 为在汉语和日语的共有词义之外,日语和汉语都各自存在独有义项的中日同形词。然后在这一基础上,按照中日两国语言的词性是否相同,再分为词性相同的 O1 和词性不同的 O1、词性相同的 O2 与词性不同的 O2 以及词性相同的 O3 与词性不同的 O3。中日同形近义词的所属及分类具体见图 2.1。

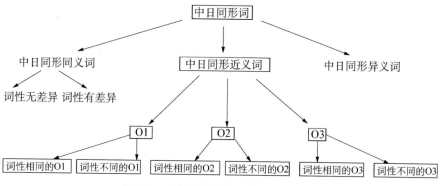

图 2.1　中日同形近义词的所属及分类

笔者认为这一分类能够更加有效地体现中日同形近义词在中日两国语言中的差异。但词义和词性差异的有无是否一定会引起母语的迁移?母语的正负迁移是否一定影响词汇习得的难易度? 这些问题还需要谨慎地进行探讨。

2.3　实证部分测试用词的选择与中日对比

在明确了中日同形近义词的定义并按照词义差异类型与词性是否存在差异两个标准进行分类之后,作为实证研究,需要选择可以代表每类特征的词汇来完成测试,从而发现不同词类特征可能发挥的影响。

2.3.1　选词标准与步骤

在本研究实证部分的选词过程中笔者进行了以下考量。

1. 主要从上野和鲁晓琨(1995)列举的中日同形近义词中筛选。

上野和鲁晓琨(1995)列举了需要中国日语学习者注意的 300 个中日同

形异义(近义)词①。本研究的测试用词中除了「教室」「学生」「問題」三个词之外均来自上野和鲁晓琨(1995)。此外,为了与先前研究中的结论做比较,笔者在选词时首先考虑出现在多个文献中的词,包括「愛情」「了解」「関心」「緊張」「最近」「習慣」「熱心」,其他词为随机抽取。

2. 选择出现在日语能力测试出题标准词汇表中的词。

本研究采用了国际日语能力测试②出题标准词汇表中的 4 个等级代替词的频率、熟悉度、抽象性等因素来衡量词汇本身难易度。因此,本测试用词均属于日语能力测试出题基准中列出的词。

3. 通过日语与汉语词典之间的对照、比较筛选。

因为上野和鲁晓琨(1995)并未对中日同形近义词的词性差异进行对比,在词义对比时也仅采用了词典对比的方式,存在部分遗漏,所以笔者通过翻查日语与汉语词典对词性和词义项的记载以及向日语母语者核实词义、用法的方式,对初步筛选出的中日同形近义词在中日两国语言中词义与用法的异同进行了重新判定。删除不满足测试条件的词,最终确定了测试用词。

4. 词的数量与代表性

第二章中 2.2.1 节中提及了中日同形近义词多义词的特性。因此,每个测试词或在汉语或在日语中都存在 2 种以上词义项。考虑到最终测试项的数目,本研究挑选了 O1 和 O2 类词各 8 个。因为上野和鲁晓琨(1995)归纳的中日同形近义词中 O3 词的数量少于 O1 和 O2,在日语能力测试单词表内的单词数目更少,此外还需要满足词汇本身难易度的分级及词性差异两个因素,因此最终选定的 O3 词汇为 4 个。虽然测试词数量最终只有 20个,但是,这些词的属性都满足本研究各个难易度因素所设定的条件,其特征能够在一定程度上代表其所属词类的特征,具有代表性。

实验所选词汇按照假设中的难易度影响因素归纳如下。(表 2.2)

---

① 该书列举了需要学习者注意的 300 个中日同形异义词,其中包括大量的中日同形近义词。具体分类介绍见第二章 2.1.4 节注释 2。

② 日本语能力测试自 1984 年实施,至 2011 年全世界参加该测试的人数达到了 61 万,是世界上规模最大的日语测试。这里所指的日语能力测试基准是指 2009 年之前实施的(旧)日语能力测试基准。2010 年起实施的新日语能力测试出题基准没有公开,由"认定标准"和"试题构成"以及公开的"例题"等替代。

表 2.2 实验所选词汇

	O1		O2		O3	
	初级	中高级	初级	中高级	初级	中高级
词性相同	時間 教室	愛情 処分	学生 最近	簡単 解釈	問題	深刻
词性不同	普通 大事	無理 反対	熱心 習慣	関心 緊張	意見	一定

说明:日语中形容动词的功能与中文的形容词一致,所以这种名称上的差异未作为词性差异来处理。

2.3.2 中日对比的过程与结果

本节将对测试用词在中日两国语言的词性、词义和使用进行详细对比。

中日同形近义词在日语中的释义主要借鉴日本三省堂《新明解国语辞典》(第 5 版)的义项。首先,该字典是最早引入中国,并由中国世界图书出版社出版的原版日语字典,也是日本国内最常用的国语词典之一。其次,该字典是第二章所介绍的日本 NTT 基础数据系列《日语的词汇特征》所参照的日语国语辞典。最后,该字典收录的词汇与《现代汉语词典》规模近似,便于进行对照比较。部分词汇的释义因为研究需要有所更改。

汉语释义主要采用商务印书馆《现代汉语词典》第 5 版。该字典由中国社会科学院语言研究所词典编辑室编,2005 年重新修订。部分词汇的部分释义出于研究需要有所更改。

对各个词的对比按照以下顺序:首先是只在词义上存在差异的中日同形词,其中分为 O1、O2、O3 三类,每一类型再分 a. 初级词汇和 b. 中高级词汇分别进行描述;其次是在词义和词性上同时存在差异的中日同形近义词,也分为 O1、O2、O3 三类,每一类型再分 a. 初级词汇和 b. 中高级词汇进行描述。为了更为清晰地表达日语与汉语在意义上的差异,对比结果以表格和图表的形式列出。

(一)词性相同、在词义上存在差异的中日同形词

1. 词性相同、除了共有义项之外日语具有独有义项的中日同形近义词(以下简称词性相同的 O1)

a. 属于初级词汇的词性相同的 O1

词性相同的 O1 为「時間」「教室」两个词。其中,「時間」的中日共有义

项有 3 项,日语独有义项有 1 项。「教室」的中日共有义项有 1 项,日语独有义项有 2 项。具体对比详见表 2.3。

图 2.2 可以清晰地描述这两个词在中日两种语言中的词义的异同。外部大的椭圆表示日语词义,内部小的椭圆表示汉语词义。因为日语的词义项比汉语多,所以外部椭圆内汉字说明的是日语的独有义项,而内部椭圆内的汉字说明的是两种语言的共有义项。

表 2.3　属于初级词汇的词性相同的 O1 中日对照

选词	日语释义	汉语释义	日语举例	汉语举例
時間 (名)	月日の移り行き(日动月移)	物质运动的存在方式	時間の流れ	时间流逝
	ある時点からもうひとつ時点までの間(从一个时间点到另一个时间点)	有起点和终点的一段时间	勤務時間 自習時間	工作时间 自习时间
	時刻(时刻)	时间里的某一点	食事の時間	吃饭的时间
	時間の単位(时间单位,小时)	×	東京まで何時間かかりますか。	×(到东京花几个小时?)
教室 (名)	学校で、授業・学習を行う部屋(在学校进行授课学习的房间)	学校里进行教学的房间	私は毎日 8 時に教室へ行きます。	我每天早上八点去教室。
	大学で専攻科目ごとの研究室(大学各个专业的研究室)	×	数学教室、物理学教室	×(数学实验室,物理实验室)
	技芸などを教える所(教授技艺的场所)	×	囲碁教室、手芸教室、料理教室、書道教室	×(围棋培训班;手工培训班;烹饪学习班;书法学习班)

说明:表中阴影部分为独有义项部分。"选词"一栏测试词后面括号内是该词的词性。"日语释义"一栏日语释义后面括号内为该释义的中文翻译。"汉语释义"与"汉语举例"栏中的符号"×"表示汉语没有这种说法,"汉语举例"一栏"×"后面括号内为汉语的正确说法。

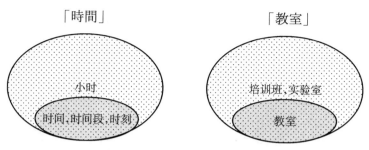

图 2.2　属于初级词汇的词性相同的 O1 中日对照示意图

b. 属于中高级词汇的词性相同的 O1

属于该词类的有「愛情」「処分」两个词。这两个词中日语言的共有义项均有 1 项，日语独有义项也均有 1 项。具体对比详见表 2.4。

表 2.4　属于中高级词汇的词性相同的 O1 中日对照

选词	日语释义	汉语释义	日语举例	汉语举例
愛情（名）	異性を恋慕う感情（对异性的爱慕）	男女相恋的感情	愛情のこもった言葉	充满爱情的话语
	相手に注ぐ愛の気持、深く愛する暖かなこころ（对对方的热爱）	×	親の愛情；仕事に愛情を持つ；母校への愛情	×（父母的爱。对工作/母校的感情）
処分（動·名）	罰すること（处罚）	按犯罪或犯错误的人按情节轻重做出处罚	処分をうける；退学処分	受到处分；退学处分
	余分·不要なものとして始末すること（处理不要的东西）	×	古雑誌を処分する·あまったものを処分する	×（处理旧杂志、处理多余的东西）

说明：表中阴影部分为独有义项部分。"选词"一栏测试词后面括号内是该词的词性。"日语释义"一栏日语释义后面括号内为该释义的中文翻译。"汉语释义"与"汉语举例"栏中的符号"×"表示汉语没有这种说法，"汉语举例"一栏"×"后面括号内为汉语的正确说法。

同样，为了更清晰地描述这两个词在日语与汉语中的词义的异同，笔者制作了图 2.3。外部椭圆内的汉字说明的是日语的独有义项，而内部椭圆内的汉字说明的是两种语言的共有义项。

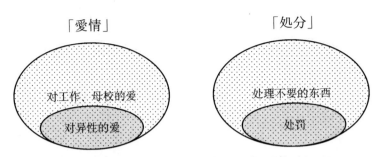

图 2.3　属于中高级词汇的词性相同的 O1 中日对照示意图

2. 词性相同,除了共有义项之外汉语具有独有义项的中日同形近义词(以下简称词性相同的 O2)

　　a. 属于初级词汇的词性相同的 O2

　　属于该类的有「学生」「最近」两个词。其中,「学生」的共有义项有 1 项,汉语独有义项有 2 项。「最近」的中日共有义项有 1 项,汉语独有义项有 1 项。具体对比详见表 2.5。

　　图 2.4 可以清晰地描述这两个词在日语与汉语中词义的异同。与 O1 的示意图不同,外部大的椭圆表示的是汉语词义,内部椭圆表示的是日语词义。因为汉语的词义项要比日语多,所以外部椭圆内的汉字说明的是汉语的独有义项,而内部椭圆内的汉字说明的是两种语言的共有义项。

表 2.5　属于初级词汇的词性相同的 O2 中日对照

选词	日语释义	汉语释义		日语举例	汉语举例
学生（名）	大学などに在籍して、教育を受ける人（在大学等接受教育的人）	在学校读书的人	大学生	南京大学の学生	南京大学的学生
	×		中小学生	×(附属小学校の児童)	附属小学的学生
	×	向老师或前辈学习的人		×(画家の张大千先生の弟子)	张大千的学生

续表

选词	日语释义	汉语释义	日语举例	汉语举例
最近 （名·副）	現在に最も近い過去(現在前不久)	说话前不久的日子	最近、雨がよく降りますね。	最近老是下雨。
	×	说话后不久的日子	×(この映画は近いうちに上映することになっている)	这个电影最近就会放映。

说明：表中阴影部分为独有义项部分。"选词"一栏测试词后面括号内是该词的词性。"日语释义"一栏符号"×"表示汉语没有这种说法。"日语举例"一栏"×"后面括号内为日语的正确说法。

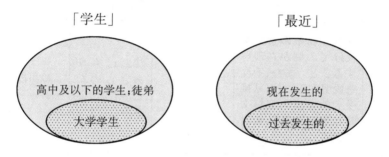

图 2.4　属于初级词汇的词性相同的 O2 中日对照示意图

b. 属于中高级词汇的词性相同的 O2

属于该类的有「簡単」「解釈」2 个词。其中，「簡単」一词同时出现在日语能力测试的 3、4 级与 1、2 级词汇表里，在本研究中被判断为属于中高级词汇。该词中日两种语言的共有义项有 2 项，汉语独有义项有 1 项。「解釈」的中日共有义项有 1 项，汉语独有义项有 1 项。具体对比详见表 2.6。

表 2.6　属于中高级词汇的词性相同的 O2 中日对照

选词	日语释义	汉语释义	日语举例	汉语举例
简单 (形動)	構造(筋道)がこみいっておらず、誰にでもすぐ分かる様子(结构简单,谁都明白的样子)	结构单纯,头绪少,容易理解或处理	簡単に言えば…; 簡単な内容	简单地说……; 简单的内容
	時間(手数)をかけずに行われる様子(不费时间的样子)		簡単な料理; 手続きが簡単だ。	简单的饭菜; 手续简单。
	×	(经历、能力)平凡多用于否定。	×(簡素な生活) ×(あの人は大したものだ。)	生活简单; 那个人不简单。
解释 (名·動)	文章や物事の意味を受けての側から理解すること。また、それを説明すること(从接受者的角度来理解文章和事物的意思,或对其说明)	按照理解分析阐明	沈黙はもうあきらめたと解釈できる。	沉默可以解释为放弃。
	×	说明含义、原因、理由等	×(誤解を釈明する) ×(おまえの間違いだから、言いわけもいいかげんにやめなさい。)	解释误会; 就是你错了,不要再解释了。

说明:表中阴影部分为独有义项部分。"选词"一栏测试词后面括号内是该词的词性。"日语释义"一栏符号"×"表示汉语没有这种说法。"日语举例"一栏"×"后面括号内为日语的正确说法。

图 2.5 清晰地描述了这两个词在汉语与日语中的词义的异同。外部椭圆内的汉字说明的是汉语的独有义项,内部椭圆内的汉字说明的是两种语言的共有义项。

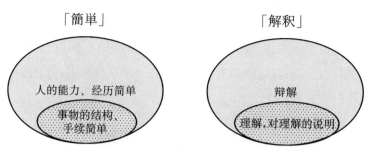

图 2.5　属于中高级词汇的词性相同的 O2 中日对照示意图

3. 词性相同,除了共有义项之外,汉语和日语同时具有独有义项的中日同形近义词(以下简称词性相同的 O3)

a. 属于初级词汇的词性相同的 O3

属于该类的有「問題」1 个词。其中,共有义项有 2 项,日语独有义项有 1 项,汉语独有义项有 1 项。具体对比详见表 2.7。

表 2.7　属于初级词汇的词性相同的 O3 中日对照

同形词	日语释义	汉语释义	日语举例	汉语举例
問題 (名)	取り上げべき事柄(应该解决的事件)	需要研究讨论并加以解决的矛盾,疑难关键、重要之点	社会問題	社会问题
	まともに相手取ったり取り上げたりするのに値する対象(需要处理的事件,麻烦)	事故或麻烦	それは問題ではない。	这不是问题。
	解いたりある事柄について述べたりすることを要求する文章(要求解决或论述事件的文本)	×	試験問題・練習問題	×(考试题、练习题)
	×	要求回答或解释的题目	×(質問のある人、手を挙げてください)	有问题的请举手。

说明:表中阴影部分为独有义项部分。"选词"一栏测试词后面括号内是该词的词性。"日语释义"一栏日语释义后面括号内为日语释义的中文翻译。栏中的符号"×"表示日语或汉语没有这种说法,"×"后面括号内为日语或汉语的正确说法。

图 2.6 能够形象地描述该词在汉语与日语中的词义的异同。左面的椭圆表示的是日语词义,右面的椭圆表示的是汉语词义。因此,两椭圆重合的部分即为共有义项,左边椭圆多出的释义为日语独有义项,右边椭圆多出释义为汉语独有义项。

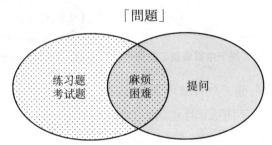

图 2.6　属于初级词汇的词性相同的 O3 中日对照示意图

b. 属于中高级词汇的词性相同的 O3

属于该类的有「深刻」1 个词。该词中日两种语言的共有义项有 1 项,日语独有义项有 2 项,汉语独有义项 1 项。具体对比详见表 2.8。

表 2.8　属于中高级词汇的词性相同的 O2 中日对照

同形词	日语释义	汉语释义	日语举例	汉语举例
深刻 (形·副)	根本問題について、いろいろ考えさせられる様子(涉及根本问题的,让人思考的样子)	揭示事情或问题的本质的。	深刻な発言;深刻に考える	深刻的发言;深刻地思考。
	きびしい現実対策に、重大な決意が必要な様子(面对严酷的现实需要重大决策的样子)	×	深刻な事態;深刻な問題	×(严重的事态;严肃的问题)
	事態を重大だと考える様子(认为事态严重的样子)	×	深刻な顔	×(严肃的表情)
	×	内心感受程度很深的	×(深い印象;身にしみる体験)	深刻的印象;深刻的体会

说明:表中阴影部分为独有义项部分。"选词"一栏测试词后面括号内是该词的词性。"日语释义"一栏日语释义后面括号内为日语释义的中文翻译。栏中的符号"×"表示日语或汉语没有这种说法,"×"后面括号内为日语或汉语的正确说法。

图 2.7 形象地描述了该词在汉语与日语中的词义的异同。与图 2.5 相同,两椭圆重合的部分为中日共有义项,左边椭圆多出的释义为日语独有义项,右边椭圆多出释义为汉语独有义项。

「深刻」

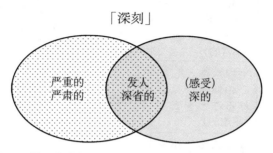

图 2.7 属于中高级词汇的词性相同的 O3 中日对照示意图

(二) 在意义和词性上同时存在差异的中日同形近义词

1. 词性不同,除了共有义项之外,日语具有独有义项的中日同形近义词(以下简称词性不同的 O1)

a. 属于初级词汇的词性不同的 O1

词性不同的 O1 为「普通」「大事」2 个词。其中,「普通」的中日共有义项有 3 项,日语独有义项有 1 项。「教室」的中日共有义项有 1 项,日语独有义项有 1 项。具体对比详见表 2.9。

示意图 2.8 清晰地描述了这两个词在中日两国语言中词义与词性的异同。外部大的椭圆表示日语包含的词义,内部椭圆表示汉语包含的词义。因此,外部椭圆内的汉字说明的是日语的独有义项,而内部椭圆内的汉字说明的是两种语言的共有义项。

「普通」　　　　　　　「大事」

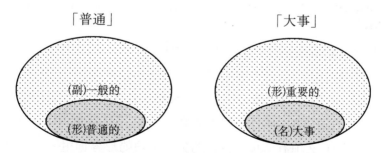

图 2.8 属于初级词汇的词性不同的 O1 中日对照示意图

表 2.9　属于初级词汇的词性不同的 O1 中日对照

同形词	词性①	日语释义	汉语释义	日语举例	汉语举例
普通	形·副⇔形	(形)世間にざらにあり、なんら変わった所が見られないことを表す(平常的)	平常的,一般的	普通の場合ならそれでもいいんですが。	普通情况的话那样也是可以的。
		平均水準としてその傾きが見られることを表す(平均的)		遅刻は普通のことだ。	迟到是件普通的事情
		同類の多くがそうであると同じ程度(和多数一样的)		普通の学者とは違う	与普通学者不同
		(副)ごく一般的なあり方だと捉えられることを表す(作为一般的情况来处理)	×	普通、事前に通知がある;普通、薬で治る	×(一般说来,事前是有通知的;一般用药能治好。)
大事	形·名⇔名	(名)重大な事柄。また、重大な事件(重大事件)	重大的或重要的事情	国家の大事	国家大事
		(形)価値を認め、大切に扱うさま(认为价值,谨慎处理的样子)	×	大事なこと	×(重要的事情)

　　说明:表中阴影部分为独有义项部分。"词性"一栏符号"⇔"前面的为测试词在日语中的词性;后面的为在汉语中的词性。"日语释义"一栏日语释义后面括号内为日语释义的中文翻译。"汉语释义"与"汉语举例"栏中的符号"×"表示汉语没有这种说法,"汉语举例"一栏"×"后面括号内为汉语的正确说法。

　　b. 属于中高级级词汇的词性不同的 O1

　　属于该类的有「無理」「反対」2 个词。其中,「無理」一词中日共有义项有 1 项,日语独有义项有 2 项。在独有义项中,日语与汉语词性相同的词义项有 1 项,日语与汉语词性不同的义项有 1 项。「反対」的中日共有义项有 1 项,日语独有义项有 2 项。日语的独有义项的形容词用法与汉语不同。

---

　　①　符号"⇔"前面的为测试词在日语中的词性;后面的为在汉语中的词性。

具体对比详见表 2.10。

图 2.9 可以清晰地描述这两个词在中日两国语言中词义和使用的异同。外部大的椭圆表示日语包含的词义,内部椭圆表示汉语包含的词义。外部椭圆内的汉字说明的是日语的独有义项,而内部椭圆内的汉字说明的是两种语言的共有义项。

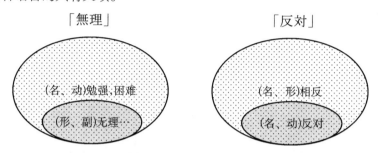

图 2.9　属于中高级词汇的词性不同的 O1 中日对照示意图

表 2.10　属于中高级词汇的词性不同的 O1 中日对照

同形词	词性	日语释义	汉语释义	日语举例	汉语举例
無理	名·形·副·動⇔形·副	(形)そうするだけの理由がなく、筋道も通っていない様子(没有道理的)	没有道理	無理な要求を出す	提出无理的要求
		(形)客観的に見て困難である上に、それを強行すればしわ寄せが関係方面に及ぶと予想される様子(不可能的)	×	君には無理だよ;子どもには無理だ。	×(你是做不了的)×(小孩是无法完成的)
		(名·動)不結果を構わず、何かを強行する様子(強求的)	×	無理をして体をこわす	×(逞强搞坏身体)

续表

同形词	词性	日语释义	汉语释义	日语举例	汉语举例
反对	名·形·动 ⇔ 名·动	(名·動)ある意見などに従わない態度を取ること(采取不同意的态度)	不赞成,不同意	反対を唱える；彼の意見に反対する	明确提出反对；我反对他的意见。
		(名·形)対の関係にあるもう一方(相对的另一方)	×	暑いの反対は寒い；反対語	×(与热相反的是冷；反义词)
		(名·形)あるべき状態と入れ間違いになっていること(与应有状态相对)	×	事実はその反対だ。	×(事实与此相反。)

说明:表中阴影部分为独有义项部分。"词性"一栏符号"⇔"前面的为测试词在日语中的词性;后面的为在汉语中的词性。"日语释义"一栏日语释义后面括号内为日语释义的中文翻译。"汉语释义"与"汉语举例"栏中的符号"×"表示汉语没有这种说法,"汉语举例"一栏"×"后面括号内为汉语的正确说法。

2. 词性不同,除了共有义项之外汉语具有独有义项的中日同形近义词(以下简称词性不同的O2)

　　a. 属于初级词汇的词性不同的O2

　　属于该类的有「熱心」「習慣」2个词。其中,「熱心」的共有义项有1项,汉语独有义项有2项。「習慣」的中日共有义项有1项,汉语独有义项有1项。具体对比详见表2.11。

表2.11　属于初级词汇的词性不同的O2的中日对照

选词	词性	日语释义	汉语释义		日语举例	汉语举例
热心	形 ⇔ 形·名	一つの物事に興味·関心があって、他に心を動かされない様子(有兴趣的样子)	有热情、有兴趣、肯尽力	对事物(形)	熱心に仕事をする。	热心地工作
		×		对人(形)	×(心の暖かい人)	热心人
		×		对人(名)	×(彼の親切に感動した)	我被他的热心感动了。

续表

选词	词性	日语释义	汉语释义	日语举例	汉语举例
習慣	名 ⇔ 名·動	いつもそうする事がその人の決まりに成っていること。その国(地方)の人が普通のこととして行っている、生活上の様式。風習。(风俗,习惯)	(名)在长时间里逐渐养成的,一时不容易改变的行为、倾向或社会风尚。	国によって言葉も習慣も違う。	每个国家的语言和习惯都不同。
		×	(動)常常接触某种新的情况而逐渐适应。	×(日本の生活に慣れた)	习惯了日本的生活

说明:表中阴影部分为独有义项部分。"词性"一栏符号"⇔"前面的为测试词在日语中的词性;后面的为在汉语中的词性。"日语释义"一栏符号"×"表示汉语没有这种说法。"日语举例"一栏"×"后面括号内为日语的正确说法。

图 2.10 可以清晰地描述该词词义和使用在两国语言中的异同。外部大的椭圆表示汉语包含的词义,内部椭圆表示日语包含的词义。因为汉语的词义项比日语多,所以外部椭圆内的汉字说明的是汉语的独有义项,而内部椭圆内的汉字说明的是两种语言的共有义项。

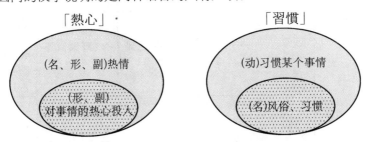

图 2.10　属于初级词汇的词性不同的 O2 中日对照示意图

b. 属于中高级词汇的词性不同的 O2

属于该类的有「関心」「緊張」2 个词。其中,「関心」的共有义项有 1 项,汉语独有义项有 1 项,此外汉语具有日语没有的动词词性。「緊張」的中日共有义项有 1 项,汉语独有义项有 3 项。日语仅有动词词性,而汉语多为形容词用法。具体对比详见表 2.12。

表 2.12　属于中高级词汇的词性不同的 O2 中日对照

选词	词性	日语释义	汉语释义	日语举例	汉语举例
関心	名⇔名·動	そのことについて自分自身に直接関わりがあるかどうかに関係なく、無視するわけにはいかないと感じ、より深く知ろうとする気持を持つこと。(关心,想要更深地了解)	把人和事常放在心上,重视,爱护	国家の大事に関心を持つ(名)	关心国家大事
		×	重视,爱护	×(子どもの成長に配慮を寄せる。)	关心孩子成长
緊張	動⇔形·名·動	失敗したりしないようにという点に、もっぱら神経を使うこと。(专心)	精神处于高度准备状态,兴奋不安	人前に出ると、とても緊張する。	人前就很紧张。
		×	激烈或紧迫,使人精神紧张(事物的状态)	×(忙しい仕事;ハードなスケジュール)	紧张的工作;紧张的日程
		×	供应不足难以应付	×(野菜は不足している)	蔬菜供应很紧张(＊野菜の給与が緊張している)
		×	担心	×(彼は全く私のことを気にしない。)	他一点都不紧张我①。

说明:表中阴影部分为独有义项部分。"词性"一栏符号"⇔"前面的为测试词在日语中的词性;后面的为在汉语中的词性。"日语释义"一栏符号"×"表示汉语没有这种说法。"日语举例"一栏"×"后面括号内为日语的正确说法。

---

①　这一用法主要出现在台湾方言中。虽然《现代汉语词典》第五版中尚未列出此义项,但是通过搜索引擎 google 以及 yahoo 都能够找到该用法的例句。此外,笔者咨询了部分学生,发现他们因为受到台湾电视节目等影响,已经较为普遍地接受该用法。

图 2.11 可以清晰地描述该词词义和使用在两国语言中的异同。外部大的椭圆表示汉语包含的词义,内部椭圆表示日语包含的词义。外部椭圆内的汉字说明的是汉语独有义项,而内部椭圆内的汉字说明的是两种语言的共有义项。

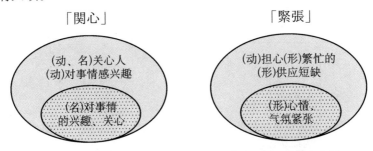

「関心」　　　　　　　　「緊張」

图 2.11　属于中高级词汇的词性不同的 O2 中日对照示意图

3. 词性不同,除了共有义项之外,汉语和日语同时具有独有义项的中日同形近义词(以下简称词性不同的 O3)

a. 属于初级词汇的词性不同的 O3

属于该类的有「意见」1 个词。其中,共有义项有 1 项,汉语独有义项有 1 项,日语独有义项有 1 项,同时该义项在词性上也与汉语不同。具体对比详见表 2.13。

图 2.12 可以清晰地描述该词词义和使用在两国语言中的异同。左面的椭圆表示的是日语词义,右面的椭圆表示的是汉语词义。因此,两椭圆重合的部分为中日共有义项,左边椭圆多出的释义为日语独有义项,右边椭圆多出释义为汉语独有义项。

「意见」

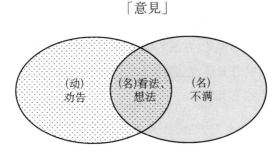

图 2.12　属于初级词汇的词性不同的 O3 中日对照示意图

表 2.13　属于初级词汇的词性不同的 O3 中日对照

选词	词性	日语释义	汉语释义	日语举例	汉语举例
意见	動·名 ⇔ 名	（名）ある問題についての個人の考え(关于某问题的个人的想法)	（名）对事情一定的看法或想法	意見を交換する	交换意见
		（動）好ましくない行為を思いとどまるように、おしえさとすこと(为阻止不好的行为而劝告)	×	先生に意見された	×（受到了老师的劝告）
		×	（名）对人对事认为不对因而不满意的想法。	×（この案には異義はない）	我对这个提案没有意见。

说明:表中阴影部分为独有义项部分。"词性"一栏符号"⇔"前面的为测试词在日语中的词性;后面的为在汉语中的词性。"日语释义"一栏日语释义后面括号内为日语释义的中文翻译。栏中的符号"×"表示日语或汉语没有这种说法,"×"后面括号内为日语或汉语的正确说法。

b. 属于中高级词汇的词性不同的 O3

属于该类的有「一定」1 个词。其中,共有义项有 2 项,但是日语是名词用法,汉语是形容词用法。另外,汉语独有义项有 1 项,词性是日语中没有的副词用法。日语独有义项有 1 项,词性是汉语中没有的动词用法。具体对比详见表 2.14。

图 2.13 可以清晰地描述该词词义和使用在两国语言中的异同。左面的椭圆表示的是日语词义,右面的椭圆表示的是汉语词义。因此,两椭圆重合的部分为中日共有义项,左边椭圆多出的释义为日语独有义项,右边椭圆多出释义为汉语独有义项。

「一定」

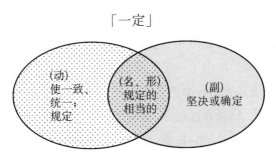

图 2.13 属于中高级词汇的词性不同的 O3 中日对照示意图

表 2.14 属于中高级词汇的词性不同的 O3 中日对照

选词	词性	日语释义	汉语释义	日语举例	汉语举例
一定	名·自動⇔形·副	(名)ひとつに決まって、動かないこと(固定的,规定的)	(形)规定的;确定的。固定的。	室温を一定に保つ。	保持一定的室温。
		(名)十分ではないがそれなりの(相当的)	(形)相当的	一定の成果	一定的成绩
		×	(副)坚决或确定	×(ぜひ頑張ってください)	请一定要努力。
		(自他動)いつも決まっていて、時により変わることが無いこと。(决定的,不随时间变化的)	×	服装を一定する;間隔を一定する;大きさが一定した三角形	×(统一服装);×(规定间隔);×(大小确定的三角形)

说明:表中阴影部分为独有义项部分。"词性"一栏符号"⇔"前面的为测试词在日语中的词性;后面的为在汉语中的词性。"日语释义"一栏日语释义后面括号内为日语释义的中文翻译。栏中的符号"×"表示日语或汉语没有这种说法,"×"后面括号内为日语或汉语的正确说法。

2.4 中日对比语言研究的局限性

现有的中日同形近义词研究多采用了中日对比的研究方法对语言本身进行了调查。其中,共时研究主要辨析中日同形近义词在音声、词形、构词法、词义以及语法功能的异同,历时研究则主要分析这些异同产生的原因。

这些研究为我们更加准确地把握中日同形近义词在两国语言中的异同以及异同产生的过程提供了参考和借鉴。但是,现有的中日对比研究与二语习得研究在接轨时却呈现出了一定的局限性。

首先,定义与分类的标准仍存在分歧。中日同形近义词的概念源于中日对比研究,因此,只有通过对照、比较的方式才能够进一步分类中日同形词。但现有研究由于对照的基准、视角、目的、使用工具等方面的不同,认定和分类结果存在很大差异。使得某一研究中的中日同形近义词,到了另一研究中却是中日同形同义词或者是中日同形异义词。这就加大了习得研究之间通过借鉴成果提出正确的假设并进一步验证实验结果的难度。

其次,通过对比结果对学习的难易进行评判显得较为草率。潘钧(1995:20)指出"中日同形词的研究应立足于为中日两国语言的教学、对译服务",但是将对比研究的成果直接用于预测学习者习得该类词的难易是不够严谨的,可信度不高。在二语习得研究的早期阶段,对比研究也曾经一度受到追捧,认为"对于学习者来说,与母语近似的项目容易习得,与母语不同的项目则难以习得"(Lado,1957),对比研究被摆到了一个绝对重要的位置。对于已经掌握母语的成人来说,学习其他的外语一定会与母语产生关联,但是母语的迁移并不能完全解释学习者所有的习得现象。因此,可以说中日对比研究仅为对中日同形近义词的探讨提供了假设。母语与目标语词义之间的差异是否一定会引起母语的迁移,以及母语的正负迁移是否一定影响词汇习得的难易度,需要采取更为科学的手段谨慎地进行探讨。

第三章　中日同形近义词的习得研究

现有中日同形近义词的习得研究,基本上是在中日同形词习得研究的框架下进行的。研究者一开始只关注学习者的误用,强调母语负迁移对该类词习得所带来的障碍,后来随着二语习得研究的发展开始全面地观察学习者的中介语,在考察母语负迁移的同时,关注母语正迁移对习得的积极影响。近年来,还有一些研究从认知心理学的角度对中日同形词的认知机制进行了探讨。研究结果均表明中日同形近义词是学习者习得的难点,其习得(认知)轨迹与同形同义词、同形异义词不同。本章将首先介绍现有中日同形词习得研究的各类视角、方法以及结论,分析其贡献与不足,然后介绍本研究的视角与实证研究的具体操作方法。

3.1　研究的现状与问题

3.1.1　误用研究

中日同形词相关的误用一直以来受到了众多日语教育者和研究者的重视,如菱沼(1980)、香坂(1980)、今井(1995)、五十岚(1996)、侯仁峰(1998)、张麟声(2009)等。这些研究强调了同形近义词误用的普遍性,具体表述了中日同形近义词的特征对学习者所造成的干扰,并对错误原因和解决方法提出了各种假设(具体见表3.1)。该类研究认为中日同形近义词的特征所引起的母语迁移是引起误用的主要原因。此外,还提出了教师在教育理念上的偏差等其他原因,即同形近义词的错误有时会造成表达上的不自然,但不会引起理解上的严重障碍,所以容易被教师忽视等情况。

表 3.1   误用研究中涉及的中日同形词及对误用原因的推测

研究名	研究列举的中日同形词				研究推测的误用原因
菱沼 1980	先生 需要 工程 歓迎	分配 親切 気迫 教育	緊張 演出 感情 参加など	簡単 教学 要求	1. 学习者因相同汉字标记产生的对意思的类推(一般化)。 2. 学习者产出中日同形词的心理(策略):只要将汉字音读了,就有可能是日语。反正一下子想不起来怎么说,就将汉字词音读了。 3. 教育法问题。对日本教师而言,因为意思可以通过语境推测,所以往往不去计较用词是否准确,没有去及时纠正学生,造成错误遗留。
香坂 1980	爆発 分配 表現	信任 解釈 改正	品質 緊張	要求 文化	指出翻译经验不足及日语水平不高的人会产生这样的错误。
今井 1995	愛情のない結婚は長く維持できない。(正确为「長続きしない」)				从理性主义和感性主义的方面探讨了学习者误用的原因。提出理性的了解词汇的差异是没有用的,学习者缺乏和母语者相同的感性认知。认为错误产生的原因是学习者在模仿上没有进行彻底。
侯仁峰 1998	思想 翻訳 覚悟 厳重 分配 充実 犠牲 回顧 深刻 困難 広大	最近 簡単 熱情 巨大 出産 有効 発展 故意 重大 関係 慎重	品質 熱心 爆発 良好 積極 参考 普及 方針 段順 感情 改正	文化 厳粛 緊張 莫大 関心 根拠 学習 克服 要求 専業 周到	将学习者的错误类型分成了 7 种。 1. 词义大小不同;2. 搭配不同;3. 词性不同;4. 语体不同;5. 色彩不同;6. 语感不同;7. 纯粹照搬汉语。该研究存在归类模糊问题。如第 6 条将"语感"不同作为划分标准,但没有具体描述,第 7 条"纯粹照搬汉语"则由前 6 种语言对比的视角转为学习者策略视角。
张麟声 2009	区别 素质 冷淡 事业 熱心	精力 収穫 注意 非需 独立	衣服 深刻 人民 原则	暴发 转化 暖流 了解	将中国某大学日语系 26 名二年级学生的作文中词汇错误分为 4 类。1. 汉语特有单词的完全迁移;2. 汉语单词词义的迁移;3. 汉语单词词性的迁移;4. 其他。该研究指出其中的 2 为中日同形近义词问题。区分了典型的同形近义词和词性不同的同形近义词两类。

从上表列举的中日同形词的误用研究可以看出,研究者对于学习者的误用有不同的解释,这对于我们了解学习者中日同形词产出时的具体错误

类型以及本研究选择实验用词提供了丰富的素材。但是,正如 Larsen Freeman 和 Long(1991)所指出的,误用研究只看到了学习者的错误,并未关注学习者的发展。而且尚未对误用的来源(例如是作文误用还是口语阐述误用)进行区分,也很少结合学习者日语水平进行讨论。并且,其最大的问题在于:对误用的原因只能停留在推测的阶段,无法进行验证,研究分析和结论也多来自教师的教学经验,缺乏理论性、系统性。

3.1.2 中介语研究

随着二语习得研究的发展,逐渐出现了一些中国学习者对中日同形词的中介语研究(陈毓敏,2002;陈毓敏,2003;加藤,2005 等)。但是可以看到,将焦点对准中日同形近义词的中介语研究仍然很少,且尚未出现针对中日同形近义词的实证性研究。尽管如此,我们仍然可以从中得到一些启示并发现各研究结论的分歧(表 3.2)。

表 3.2 与中日同形近义词相关的中介语研究

	研究目的	调查对象	实验方法	结论	启示与问题点
陈毓敏 2002	从词性的差异上探求同形词的难易度。	日语初级学习者 21 名,高级学习者 22 名。	通过纸质调查要求判断句子是否自然。	词性差异不同难易度不同。台湾日语学习者有依据母语进行判断的倾向。随着学习年数的增长,错误率降低。	词性差异会影响难易度。但是将"紧张""关心"等词判定为同形同义词是不合适的。仅看到了词性的差异,未认识到词义差异的影响。
陈毓敏 2003a	比较同形同义、同形近义、同形异义以及非同形等 4 类汉语词的难易度。	将 171 名台湾学习者分为初级、中级、高级。	发放纸质问卷要求选出与日语词义对等的汉语词义项。	中日同形异义词的正确率最低。同形近义词中 O1、O2、O3 的难易度之间没有明显差异。	首次比较了 O1、O2、O3 的难易度。但是因为同形近义词是多义词,所以,选择日语的汉语释义这样的实验方法无法全面测试学习者掌握同形近义词的程度。

续表

	研究目的	调查对象	实验方法	结论	启示与问题点
加藤 2005	比较 4 类汉语词的难易度。并探讨母语迁移存在与否及存在方式。	57 名汉语母语者与 45 名英语母语者	判断句子的正误。没有时间限制。	中日同形近义词最难习得。其原因除了母语负迁移的存在,还受到词本身特征的影响。例如,多义词的特质和词性差异。认为有化石化的可能。	通过和英语母语者的比较,探讨了母语迁移的存在。但是,关于中日同形近义词只探讨了负迁移的部分。而且,对于测试用词本身的难易度没有汇报。词性差异也并未列入探讨范围内。

具体来说,现有研究存在的问题可归纳为以下几点。

1. 实验设计不够严谨。首先,测试方法比较单一。表 3.2 中的三个研究均采用了发放纸质问卷的方法,测试形式只有选择测试题与判断测试题两种。这样的测试与学习者理解和使用语言的实际情况脱离,只能判定学习者部分词汇知识的存在与否。另外,测试项的设计存在一定缺陷。如,加藤(2005)实际上只测试了 O1 与 O2 词的独有义项,无形中把同形近义词的独有义项的概念等同于中日同形近义词的概念,忽视了共有义项习得情况的探讨,也没有涉及 O3 类词汇。此外,问卷测试时间也没有进行控制和汇报。

2. 仅从母语影响这一单一因素解释难易度的成因。虽然,加藤(2005)发现了造成中日同形近义词习得困难的因素可能不只是母语的迁移,但并未把其他因素列入假设中进行验证和探讨。

3. 以上研究都是把中日同形近义词作为中日同形词中的一个部分,与其他类词进行的外部比较。中日同形近义词内部的难易度和影响因素究竟如何尚未得知。影响中日同形近义词容易误用、难以习得的原因需要更为严密的研究方法进行调查、验证。

3.1.3 认知处理模式研究

近年来,随着认知心理语言学的发展,关于学习者心理词汇的探讨也日益增多,中日同形词这一特殊词汇也引起了研究者们广泛的关注与兴趣,现有的研究成果为我们了解学习者处理中日同形近义词的认知模式提供了参考。其中有同形词与非同形词之间认知处理模式的比较研究,如蔡凤香、松见(2009);有对中日同形词词形、音声、词义相似性的综合探讨,如邱学瑾(2010);还有本节所要介绍的重点——中日同形近义词的认知处理模式研究,如小森、玉冈、近藤(2008),小森、玉冈(2010),小森(2010),大井、斋藤(2009)等。与其他论文不同,小森(2010)是一篇博士论文,其在总结了小森、玉冈、近藤(2008),小森、玉冈(2010)等研究的研究成果后提出了中日同形近义词的认知处理模式。因此,这里先以表格的形式介绍和分析其他三篇论文,之后再对小森(2010)的认知处理模式进行介绍。

3.1.3.1　中日同形近义词词义认知处理的三个代表性研究

表3.3通过研究目的、调查对象、研究方法、结论四个部分简单介绍了三个研究的具体内容。

表3.3　关于中日同形近义词词义认知处理的三个研究

研究者名	研究目的	调查对象	研究方法	结论
小森、玉冈 2008	探讨 O2 词义处理过程中母语的作用及学习者日语水平的影响	将50名中国日语学习者分为低水平与高水平两组。	采用句子正误判断测试。测试句为按照汉语词义理解是正确的,但日语是错误的句子。比较学习者的反应时间和错误率。	学习者测试中母语的词义被激活,日语语义被激活的概率较低。因为 O 词同时存在共有义项,因此,无论是低水平组还是高水平组都无法避免母语词义的干扰。
小森、玉冈 2010	探讨 O1 词义认识处理过程中母语的作用及学习者日语水平的影响	将64名中国日语学习者分为低水平与高水平两组。	采用了认知处理中的词汇判断测试。要求学习者判断屏幕上呈现出的词是不是日语中存在的词。通过比较提示"共有义项"、提示"日语独有义项"以及"无提示"三种情况下学习者的反应时间与正确率的差异,判断母语词义、日语词义的影响。	低水平学习者无论是提示"共有义项",还是提示"日语独有义项",与"无提示"相比在反应时间与正确率上均没有差异。而高水平学习者在提示"共有义项"时,反应时间比"无提示"要快。因此认为母语的促进影响需要一定的 L2 水平。

研究名	研究目的	调查对象	研究方法	结论
大井、斋藤2009	确认词义处理随二语水平的提高从语言非选择性处理发展为选择性处理。	日语母语者12人为对照组。受试为词汇测试成绩与母语者接近的高水平组8人以及低水平组12人	研究对象为5类中日同形词(包括同形同义词、三类同形近义词及同形异义词)。采用"根据同形词下面的单词的翻译来判断是不是知道这个日语词"的判断测试,比较学习者5类词汇判断正确率的异同。	中日同形近义词共有义项与日语独有义项的处理与二语水平无关。但在汉语独有义项的处理上,低水平组正确率远低于高水平组,说明随着二语水平的提高,学习者逐步摆脱母语干扰,依靠二语知识处理词义。

小森、玉冈、近藤(2008)以及小森、玉冈(2010)与3.1.2节介绍的中介语研究不同之处在于,前者在观察母语的影响以及学习者水平因素时涉及两个变量:反应时间和判断的正确率。大井、斋藤(2009)也对反应时间(30秒以内)进行了控制。从这一点来说,认知处理模式研究在观察母语词义影响是否以及如何发挥作用时观察更为细致,可信度更高。

从结论来看,关于O2的独有义项,小森、玉冈、近藤(2008)的研究发现,虽然高水平学习者的判断正确率高于低水平学习者,但是在反应时间上两者没有显著差异,因此认为无论是低水平还是高水平学习者都无法避免母语词义的迁移,母语概念的中介作用并不会随着二语水平的提高而消失。而大井、斋藤(2009)由于将反应时间设为控制变量,发现高水平组判断测试的正确率明显好于低水平组,所以认为随着学习者二语水平的提高,学习者会从由母语知识主导的非选择性处理转换为二语知识主导的选择性处理,也就是说,学习者可以逐步克服母语词义的迁移,逐渐依赖二语知识来提高判断的正确率。

另外,关于O1的共有义项,小森、玉冈(2010)发现,共有义项的词义提示(母语词义)仅对高水平学习者的反应时间和正确率产生了促进作用,并不作用于低水平学习者,因此认为L1知识的促进影响需要一定的L2水平。但是,大井、斋藤(2009)却认为在共有义项和日语独有义项的认知处理上高、低水平两组不存在明显差异。

可见由于观察角度以及实验条件的不同,现有研究形成了不同的结论。究竟共有义项以及日语独有义项的认知处理上高、低水平学习者之间是否存在差异呢? 本研究不属于认知处理研究,不能够完全解决这个问题,但是通过学习者的产出结果是可以观察和讨论 L1 所发挥的促进作用的。第六章将对该问题进行具体讨论。

3.1.3.2　小森(2010)的中日同形词认知处理模式

小森通过中日同形近义词、中日同形异义词的汉语处理、日语处理共计 8 个测试总结出了"中日同形词处理模型"(图 3.1)。

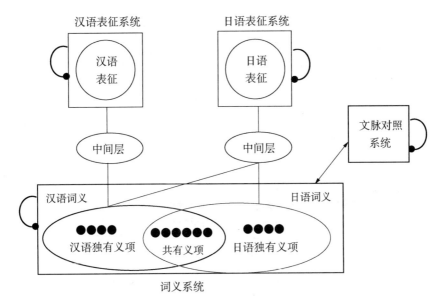

图 3.1　小森(2010)的中日同形词处理模型(非对称模型)

该模型由最上方的"汉语表征系统"和"日语表征系统"、最底层的"词义系统"以及右边的"文脉对照系统"四个部分组成。在"词义系统"中,既存在汉语的词义表征,也存在日语的词义表征。黑色的圆点表示每个词义素。小森(2009)认为词义的激活是依据"文脉对照系统"来激活不同的词义素。因为日语意义与汉语意义的激活呈不对称性,所以日语的词义表征颜色较浅。"文脉对照系统"会基于 5 个问题进行计算,然后对中日同形近义词进行处理。包括:1、这个单词在汉语中是否存在可以迁移的共有义;2、是否存在把该单词作为共有义项处理的文脉;3、该单词是否存在需要被抑制的

汉语词义;4、该单词是否具有日语的独有含义;5、是否存在把该单词作为
日语独有义解释的文脉。此外,在"文脉对照系统"上有一个黑点连着一个
半圆,被认为是起到抑制作用的。当一个词义被激活,其他的词义都会通过
这个"抑制圈"受到抑制。拿 O2 的共有义项来举例,依照"文脉对照系统"
的 5 个问题的计算,当共有义被正确激活,同时汉语独有义项被抑制,那么
O2 的认知处理结果就是正确的。如果"文脉对照系统"计算错误,汉语的
独有义项被激活,共有义项被抑制,那么认知处理的结果就是错误的。

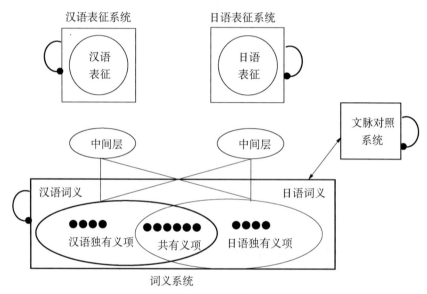

图 3.2　小森(2010)的中日同形词处理模型(对称模型)①

　　随着学习者日语水平的提高,学习者逐渐理解日语词义与汉语词义之
间的关系。汉语词形表征系统一旦被激活,就有可能激活日语的词义。而
且,该词义的激活速度几乎与汉语词义激活速度相同。此外,小森(2010)发
现高水平学习者的日语知识同样会影响汉语的处理速度,因此认为中日同
形词的处理是"对称"的。他主张随着学习者日语水平的提高,其处理过程
应该是从"非对称"逐渐向"对称"发展。图 3.1 与 3.2 两图的差异就是中国
日语学习者处理中日同形词从非对称到对称变化过程的体现。

　　小森(2010)的中日同形词处理模型为了解中国日语学习者在处理中日

---

① 　本图通过翻译小森(2010)第 215 页图 7－19 制作。

同形词时如何利用其既有知识(包括母语知识与二语知识)提供了参考。但是这一模型却无法解释为什么有些情况下被激活的是汉语的独有义项,而有些情况下被激活的是日语独有义项。在影响学习者中日同形词处理的各类因素中,小森(2010)只考虑了母语词义以及文脉的有无,因此,这一模型仍无法解释学习者在处理不同的同形近义词时(在产出结果上)存在差异的原因。

此外,认知处理测试其分析的对象不仅包括反应的正确与否,还包括了反应时间,这种"在线测试法"对于了解学习者的心理词典的构建具有一定启示。但是,语言的运用过程是一个相当复杂的过程,既包括学习者无意识的心理反应,也包括其有意识的调控。戴曼纯(2000)指出,词汇习得过程、贮存方式和运用这三项是相关却性质不同的。因此,认知心理学的词汇判断课题无法涵盖产出的过程,只能为产出结果的阐释提供部分参考。

3.2　中日同形近义词习得难易度的实证研究设计

通过对中日同形近义词误用研究、中介语研究以及认知处理研究的梳理可以发现,现有研究最突出的问题在于,由于中日两国词汇在词形表征上存在近似性,使得研究者只关注了母语词义迁移的影响,没有对其他可能影响学习者习得的因素进行观察或者控制,在实验中忽视了对二语习得一些基础概念的考量。比如,实验设计中没有考虑理解和产出差异的区分,分析和论述实验结果时没有对习得难易度等概念进行界定,等等。为了更加清晰、科学对实证研究所得的数据进行分析,并合理地抽象为一般结论,本研究对以下重要的概念和关系进行了界定,并增加了实验观察的变量。

3.2.1　对实验涉及概念和关系的界定与描述

本研究需要界定的重要概念和关系主要包括:习得难易度,理解与产出的区别与联系,产出结果与习得程度的关系,产出结果与词汇知识的关系等。

1. 习得难易度

对学习者来说什么是难、什么是易,无论是对于活跃在讲坛上的教师还是二语习得研究者,这都是一个重要的问题。"难易度"一词在二语习得研究中经常被提及,但是往往缺少科学的描述与定义。

Dekeyser(2003)是界定"习得难易度"概念为数不多的文献之一。它将习得的难易度分为"主观难易度(subjective difficulty)"与"客观难易度(objective difficulty)"两种。主观难易度是指对于不同的学习者,习得同一规则的难与易往往是不同的。对于某些人来说很容易习得的项目往往对于另一些人来说很难。而客观难易度是指规则本身的复杂性。

本研究中所探讨"习得难易度"属于"主观难易度"。当然,主观的难易度还可以分为两类。一类是个体与个体之间难易度的差别。另外一类是群体与群体之间难易度的差别。例如,一个语言项目如果对于学习环境近似的学习者来说存在难易度的差别,那就是个体与个体之间的差异。而一个语言项目如果对于不同母语的学习者来说,或者说对于不同日语水平的学习者来说存在差别的话,就是群体与群体之间的差异。本研究的目的并不是看前者即学习者个体之间的区别,而是看一种整体的趋势,因此区分低水平学习者(日语专业二年级)与高水平学习者(日语专业四年级)所追求的仍是对两个水平的共性特征的把握。

此外,难易度既可以是一种对心理状态的衡量,也可以是一种对测试结果的考量。前者是指,假设一名受试参与了两个测试。这两个测试的结果平均值或正确率是相同的,但是,其对于测试难易度的感受却不一定相同。因此,学习者感受到的情绪上的难易也是难易度的一类衡量标准。当然还存在另外一类比较传统的标准。具体来说,就是依据测试结果来判断一个词汇对于学习者是难是易。这时,难易度等于实验结果的平均值或者正确率。本研究中判断"习得难易度"是以后者为标准的,因为对于实证研究来说,后一标准更容易量化。

还存在一种情况,就是假设受试正确地理解或者产出了两个测试项,但是,正确理解和产出某一项目所需的时间比另一项目时间要长。那么这两个项目的难易度也应该是不同的。所以对习得过程的观察(往往通过观察反应时间来实现)也是判断主观难易度的标准。本研究设计了限时测试和非限时测试,就是希望通过控制反应时间,观察不同测试环境下测试结果的差异,从而判断习得难易度的高低。虽然本研究在测试后进行了访谈,也涉及对学习者情绪的追踪,但因为没有量化,只能作为补充,对于中日同形近义词习得的心理难易度还有待于后续研究去深入探讨。

2. 理解和产出的区别与联系

二语习得的过程一般认为可以分为循环往复的输入、吸收、形成中介语体系以及输出四个部分。当输入的信息被注意以及被理解之后，就会被吸收。吸收后的信息使得长时记忆中的知识体系发生变化，这时语言输出的基础就建立了（R.Ellis,1994）。

一般来说，听力和阅读被认为是理解（receptive）的过程，而会话与写作被认为是产出（productive）的过程。理解过程主要通过听力和阅读的方式接受输入（input）。而产出过程则是通过会话和写作对语言进行输出（output），传达信息。虽然对于产出和理解这一区分是否合适以及"理解的（receptive）""产出（productive）"是否应该用"被动的（passive）""主动的（active）"的概念来替代等问题存在一定的争论，但是毋庸置疑的是，在听力和阅读过程中，大脑对于词汇的处理与会话、写作过程是不同的。

3. 产出结果与习得程度的关系

Schmitt(2000)认为，"理解"和"产出"的差异在于，理解并不需要了解词汇形式与意义的全部知识，但产出过程需要更为完整的知识。Schmitt(2000)的这一看法忽略了理解也有程度深浅之分，只是相对于产出性知识而言更加难以判断和检测，但毋庸置疑的是，一个单词的正确地产出所需要的知识更多。因此，现有研究对于习得程度以及习得难易度的判断往往通过产出结果来推测。

4. 产出结果与学习者词汇知识的关系

我们期待了解学习者究竟掌握了多少产出性知识，但是真正抓住这些"无形"的存在并不容易，能够观察到的往往是产出结果。

认知学的观点认为，产出过程必然需要产出性知识的参与。R.Ellis(1994)对"能力（Competence）"与"表现（Performance）"进行了区分，指出二语习得研究就是为了弄清学习者大脑中存在的 L2 的知识，但是这一知识并非可以直观地看到，只能通过对表现的测试才能够观察到。词汇习得的过程被认为是词汇知识（显性或隐性;理解或产出）的发展过程，也体现为产出性结果正确率逐渐提高的过程。词汇的产出是词汇习得构成中由输入到输出一轮中的最后一步。词汇知识的内容及存储方式决定了产出结果。所以,产出结果可以在一定程度上反映出内藏在学习者大脑中词汇知识的形态。可能这一形态无法完全展示产出性知识的全部具体内容,但是通过对测试方法的改良,应该可以逐步扩大可观察的范围。

3.2.2　实验变量的设计与操作定义

本研究主要采用通过测试收集学习者产出结果、再通过评分后进行统计分析的方法,对各个影响因素的存在及相互作用进行判定。

考察影响因素包括现有研究普遍关注的母语与目标语的差异,并将其分为了三个子因素。1、共有义项独有义项差异因素。该因素指母语与目标语词义相同的部分(共有义项)与母语与目标语词义不同的部分(独有义项)的差异。2、O1、O2、O3 差异类型因素。该因素是指按照独有义项差异的类型,中日同形近义词可以分为日语具有独有义项的中日同形近义词,简称为 O1;中文具有独有义项的中日同形近义词,简称为 O2;中日两种语言都具有独有义项的中日同形近义词,简称为 O3 三个类型。3、词性差异因素。该因素是指母语与目标语词性相同的同形近义词与词性不同的同形近义词之间的差异。

在目标语与母语差异之外,本研究还加入了对词汇本身难易度差异因素的考察。该因素是指词汇所包含的与学习者母语无关的,在频率、使用普遍性、拼写、构词等方面存在的差异。此外,除了以上词汇因素,本研究还将结合影响习得难易度的主观因素——学习者日语水平因素以及测试条件因素对中国日语学习者的习得状况与成因进行深入的分析。

3.2.2.1　变量的类型

实验涉及的各类因素可以归类为自变量、依变量、调节变量、控制变量和介入变量五类。

1. 自变量

本研究涉及的自变量为义项差异因素(共有义项、独有义项的差异)、类型差异因素(O1、O2、O3 类型间的差异)和词性差异因素(母语与目标语是否存在词性差异)。

2. 依变量

依变量也叫因变量、响应变量。在本研究中为习得(产出)难易度。

3. 调节变量

调节变量为词汇本身难易度差异因素 (初级词汇与中高级词汇之间的差异)、学习者日语水平因素 (低水平组、高水平组的差异)和测试条件因素(限时测试、非限时测试的差异)。

4. 控制变量

控制变量为产出结果(聚焦的是产出的难易度而非理解的难易度)、翻译测试(产出测试类型为均为翻译法而非其他方式)和学习者日语教育背景(受试者均为同一高校日语专业学生)。

5. 介入变量

介入变量为母语的影响、词汇产出知识(不同日语水平的学习者的产出结果差异来源于词汇知识的不同)和隐性知识与显性知识的差异(不同测试条件下学习者的差异来源于隐性知识与显性知识的差异)。

3.2.2.2　操作定义

在实验中,习得难易度、词汇本身难易度、词性差异、学习者日语水平等抽象性概念都被具体转化为可以观察和测量的指标。

1. 习得状况、习得难易度

本研究对习得状况、习得难易度的判断,都依赖于对学习者两类测试产出结果以及产出结果得分(2 分制)的分析。评分规则将在本章 3.2.3.3 节"数据分析"中的"评分"部分详细描述。

在之前的章节中,我们已经通过整理文献的方式回顾和论证了学习者语言的输出(产出)结果与习得与否关系非常紧密。除此之外,中国学习者在习得中日同形近义词过程中表现出的最大问题,就是产出时容易出现错误,这是学习者尚未习得该类词的一个重要表现。所以,学习者词汇的具体产出以及产出得分的高低即成为本研究观察的重点,也成为判断其习得状况的重要依据。

2. 词汇本身难易度

词汇本身的特征与学习者的母语无关,既包括与人的使用相关的特征,比如该词的使用频率和亲近度特征;也包括词的内在特征,例如词的长度、词性等。Laufer(1997)、N.Ellis 和 Beaton(1993)等研究均提出了单词的长度、词性、频率、能否形成具体意象等这些内在的因素都在影响着学习者词汇的习得。

考虑到实验操作的可行性,本研究使用了日本国际交流基金与日本国际教育支援协会(原日本国际教育协会)举办的日语能力测试出题基准词汇表的四个等级作为判断词汇本身难易度的基准,以代替词的频率、熟悉度以及词性、抽象性等其他因素。具体是将属于(旧)日语能力测试 3、4 级的中日同形近义词认定为本身难度较低的"初级"词汇;将属于(旧)日语能力测试 1、2 级的中日同形近义词认定为词汇本身难度较高的"中高级"词汇。采用这一基准的具体原因将在 5.1.2 节中详细描述。

3. 词性差异因素

本文"词性相同"的中日同形近义词,是指母语与目标语只在词义涵盖范围大小上存在差异,在词性上并不存在差异的词。而"词性不同"的中日同形近义词,是指该类词不仅在词义涵盖范围大小上母语与目标语存在差异,而且在词性上也存在差异。

4. 学习者日语水平

在本文中,学习者日语水平分为高水平组与低水平组。这一划分是依照学习者在日语专业学习日语的时间来划分的。高水平组为大学日语专业四年级学生。低水平组为大学日语专业二年级学生。本测试中的受试者来自同一所大学,教育环境相同,作为高水平组的四年级学习者均具备日本语能力测试 1 级水平。作为低水平组的二年级学习者的日语水平相当于日本语能力测试 2 级水平。详见本章 3.2.3.2 节"测试实施"中的"受试者的选定"部分。

3.2.3　实验步骤

本实验主要包括问卷设计、测试实施、数据分析三个主要步骤。

3.2.3.1　问卷设计

在完成"2.3 实证部分测试用词的选择与中日对比"中介绍的 20 个中日同形近义词在词义、使用(词性)上的对比之后,笔者制作了测试问卷。

测试问卷要求受试者依据所提示的汉语句子的意思,在相对应的日语翻译句的空白处填上合适的词,以完整地表达汉语所表达的意思。采用这一"翻译填空"测试方式的原因在于:

首先,自然产出测试很难在有效的时间内对目标词汇进行测试。其次,因为目标词汇共有 20 个,测试项为 59 句,数目较多,完全采取翻译的形式会使受试者产生疲劳,影响测试的最终结果。另外,可以在一定程度上排除非测试部分对测试结果的影响。

测试项的设定方法如下:

1、测试项目按照"2.3.2 中日对比的过程与结果"设计了包含共有义项及独有义项的日语句子共计 59 句。日语测试句的来源主要有:直接使用词典例句;补充和扩展词典列出的短语构成句子;使用先前文献中的例句,或进行部分修改。测试句采取了在能够为学习者产出目标词提供足够信息的前提下尽量简短的原则,然后翻译为汉语句子,作为中文提示。在测试问卷中的呈现形式如下:

一个月花 1 000 块钱是很普通的事。

月に千円ぐらいを使うのは＿＿＿＿＿のことだ。

2、因为本研究主要是在讨论词义产出的基础上探讨词性差异,所以只在词性上存在差异,但是词义相同的义项并没有列入测试的内容。以「普通」"普通"一词为例,虽然,汉语"普通"并没有日语中名词词性的用法,但是日语名词用法表达的意义与形容词相同,与汉语的形容词所表达的词义也相同,所以不做测试项。

3、测试分为限时测试和非限时测试两个部分。所测词汇相同,只是提示句有所差异,以求最大限度地防止前部分限时测试对后部分非限时测试的影响。但是,提示句不同也会造成产出结果的差异,从而影响对难易度的判断,这一研究的局限性缺陷将在第八章中讨论。

3.2.3.2　测试实施

本研究的测试均采用研究者与受试者一对一的方式进行。其步骤为选定受试、实施限时测试、实施非限时测试,最后进行访谈。

1. 受试者的选定

受试者为南京大学日语系专业二年级与四年级学生共 35 人。其中二年级学习者为 16 人,男 2 人、女 14 人,均为零起点学习者,至参加测试为止已经学习日语 1 年 4 个月(1 个半学年即 3 个学期)。四年级学习者人数为 19 人,男 4 人、女 15 人,也均为零起点学习者,至参加测试为止学习日语时间为 3 年 4 个月。

南京大学日语专业每学期有 18 周左右的课程,在一、二、三年级每周有 14 学时左右的日语技能训练课程。其中一年级精读课为每周 10 学时,二、三年级精读课为每周 8 学时。其他辅助课程包括听说、会话、写作、语法、口译等;四年级精读课为每周 4 学时。一、二年级精读课使用教材为朱春跃、彭广陆主编外研社出版的《基础日语教程》1—4 册。三、四年级精读课使用教材为吴侃、村木新次郎主编上海外语教育出版社出版的《高级日语》1—4 册。

二年级学习者参加本测试前均未参加过日语能力测试等级考试,但因为在受试 4 个月后均参加并通过了日语专业四级考试,因此可以认定具有日语能力测试 2 级左右的日语水平,在本研究中被作为低水平组。四年级学习者受试前均参加并通过了日语能力测试 1 级考试,本研究中被认作高水平组。

受试者在参与测试之前,均不知测试目的与测试内容。

2. 限时测试

测试题目以 Power Point 的形式单题显示在电脑屏幕上,要求受试者参照汉语句子的意思,朗读对应的日语提示句,因为测试词部分是空出的,所以学习者必须在朗读过程中完成空白部分的填空。

测试开始之前,有约 1 分钟的测试说明。强调希望受试者想象自己面对一个日语母语者,以最快的速度理解汉语句子的意思,并将句子的意思用日语传达给对方。测试者应该在这一过程中完成填空,如果实在无法完成填空,直接把给出的日文提示句读出来即可。之后进行了 1 题的预备测试。

正式测试过程用录音笔记录。测试项为 59 项。为保证受试者具有充沛的精力,前 30 题测试结束后,有 30 秒的休息时间。测试过程的平均时间为 8 分 10 秒。具体测试方式及测试项目详见附录 1。

3. 非限时测试

非限时测试在受试完成限时测试后进行。非限时测试的测试项也为
59 项,主要是采用发放纸质问卷的形式。测试前进行说明,要求受试:
① 请参考汉语句子的意思,在日语句子的画线部分填入适当的内容,以使
下列句子成为完整的句子,并符合汉语句子的意思。② 没有时间上的限
制,请对填入部分进行最慎重的考虑。受试者完成试卷的平均时间为 52 分
钟。最短为 37 分钟。最长为 1 小时 12 分钟。

4. 访谈

访谈主要涉及两个问题。① 现有的教学活动中是否接触过中日同形
近义词的概念。如果有,是何种方式。② 这两项测试的难度感受如何。

3.2.3.3　数据分析

数据的分析主要包括声音的文字化处理、评分以及统计分析三个部分。

1. 文字化处理

限时测试的文字化处理通过笔者一人完成。学习者的发音问题,例如
促音、清浊音、长短音的错误没有作为错误处理。

关于限时测试的反应时间,本研究参考了小森、玉冈、近藤(2008)的
实验结果,该实验通过认知处理测试要求 60 名中国学习者判断汉语句子
是否正确,并测试了其反应时间。结果显示,反应时间的平均值为 1.354
秒。标准偏差为 0.283 秒。为了统计的便利,本文把 2 秒作为学习者理
解汉语提示的时间。在处理实验结果时,凡是汉语提示后 2 秒之内学习
者没有开始产出,或者是在产出过程中停顿超过 2 秒的,均被判定为无效
测试。

2. 评分

词汇产出的评分可以分为两种。一种是宽松的评判标准,即虽不是预
设的最佳答案,仍给予评分。还有一种是严格的评判标准,即非预设答案就
判为零分。本研究选择了前者,评分参照以下标准:① 完全错误或者无效
回答为 0 分;② 可以表达汉语意思,但是没有使用更为确切的词和答案为 1
分;③ 最为恰当的答案为 2 分。完全错误和完全正确的情况为笔者自己评
分。其余结果在两名日语母语者的协助下完成。出现两名母语者意见不一
致的情况时,三人讨论后评分。

采用这一评分方式的主要原因有二：首先，依照 Nation(2001)关于词汇产出性知识的描述，是否掌握表达相同概念的近义词也应当在所考察的范围之内；其次，学习者的"完全错误"的产出和"虽不是预设答案但接近正确"的产出应该具有不同的意义。

另外，在限时测试中，只要笔者能够判断受试者产出了什么词，其发音的错误没有列入评分考虑的内容之内。在非限时测试中，学习者汉字的书写错误(或者只写出假名，没有写出汉字)也没有列入扣分考虑范围之内。

中日同形近义词母语与目标语在词性上差异虽然在观察范围之内，但是当受试者把形容动词「無理」用作了名词，产出了「無理の要求」(正确答案应为「無理な要求」)，或者把自动词「緊張」用作了形容词，产出「緊張です」(正确答案应为「緊張する」)，像这样的错误因为仍然可以传递和表达句子的意思，不会被误解，所以被判为 1 分。而有一个特例，在表示「関心を持つ」(感兴趣)的词义时，学习产出了「関心する」一词。这个词在发音上与「感心する」(感叹，佩服)是相同的，作为日本人只会联想到「感心する」一词①。因此，这一错误没有被认定为词性错误，而被认定为难以表达句子意思的错误，判定为 0 分。

3. 统计分析

对于实验数据，本研究采用了统计学软件 SPSS17.0 中文版进行了统计分析。对于单因素(两个水平)的检验主要采用了 T 检验的方法，对于单因素(三个水平)主要采用了单因素方差分析的方法。对于多种因素的验证先采用了重复度量的方差分析法，在主因效果(main effect)得到验证之后再对单个因素进行 T 检验或单因素方差分析。如果多因素之间存在交互作用(interaction)，则对交互作用的影响做进一步分析。如果不存在交互作用，则仅描述主因的影响。

主因效果是指该因素的影响无论其他因素是否存在，其作用都是一致的，没有发生改变。而交互作用是指某一因素的影响会因为其他因素的水平不同而产生不同。这两项结果是否具有统计学的显著性意义对于判断影

①　Google 上「かんしんする」作为「感心する」使用的例句为 473 000 条。Yahoo上为 559 000 条。

响词汇的因素的存在以及各个因素之间的关系具有重要参考意义。

　　本章的 3.1 节回顾和梳理了现有的与中国学习者习得中日同形近义词相关的各类研究,可以看出,因为中日同形近义词本身具有"同形""近义"以及经常被学习者误用的特征,在日语教育研究领域广受重视,出现了一批相关的误用研究。近年来,随着认知语言学突飞猛进的发展,中日同形近义词的研究又一次跳跃到了认知处理模式的讨论阶段,而关于中日同形近义词习得状况的中介语研究无论在质上还是在量上都显得比较薄弱。

　　本章的 3.2 节"中日同形近义词习得难易度的实证研究设计"则是基于二语习得研究中词汇习得影响因素的理论框架以及词汇习得相关的基础概念,对现有中日同形近义词研究中的不足进行了改进。首先,通过明确习得难易度的概念以及产出与习得的关系,强调本研究是通过词汇产出来对学习者的习得状况进行判断和分析的研究。其次,在探讨词汇影响时提出了可能被现有的中日同形近义词研究所忽视的、与母语影响无关的词汇本身难易度差异因素以及学习者日语水平因素测试条件差异因素对实验结果造成的影响。此外,为了尽量客观地反映测试结果,笔者对实验数据的处理进行了反复考量,但仍在后续分析中发现了一些不足,将会在后面章节的小结中详细总结。

第四章　汉日差异对中日同形近义词习得的影响

4.1　母语与目标语差异因素假设

　　成年人的二语习得中,母语的影响被认为是无法避免的。无论是语法学习还是词汇学习,成年人无法避免母语知识对二语知识形成所发挥的或促进或阻碍的影响。在早期以 Lado(1957)为代表的误用研究中,通过对学习者错误的观察发现,学习者的错误大多来源于母语的迁移,因此认为母语与目标语的差异决定了习得的难易度。Lado(1957:2)认为,与母语相似的项目对于学习者来说是简单的,与母语不同的项目对于学习者来是难的。这一观点奠定了"对比分析假设"的理论基础。

　　随着这一假设的兴起,对照研究发展迅速,研究者们开始对母语与目标语之间的差异进行彻底的分析,希望从两者的异同中推测习得的难易度。到 20 世纪 70 年代,在认知科学理论发展的冲击下,研究者开始质疑对比分析的绝对作用。一些实证研究(如 Dulay & Burt,1974)证实,不同母语背景的学习者会犯同一种错误,从而认为母语迁移只是影响学习者习得的因素之一,而不是全部。此外,一些研究(如 Wode,1976)还表明,母语与目标语的近似性并未使得习得变得容易,"与母语相似等同于难度低""与母语不同等同于难度高"的假设也被打破。

　　那么,目标语与母语的差异是否会引发习得难易度不同? 究竟哪些异同会使习得变得容易? 哪些异同会使习得变得困难呢?

4.1.1　音声、词形的近似性对词义、词性习得的影响

　　Lado(1957)及 Laufer(1991)均指出,同时在音声、词形、词义上接近母

语的目标语词汇(英语称为 cognates)是容易习得的。但是,在音声、词形上接近母语,而意义却存在不同的目标语词汇(英语称为 false cognates 以及 deceptive cognates)则习得难度很大。

就中日同形词来说,这一观点已经在陈毓敏(2003)及加藤(2005)中得到证实。

陈毓敏(2003a)通过发放纸质问卷,要求 171 名台湾地区学习者选出与日语词义对等的汉语词义项,从中比较了中日同形同义词、同形近义词、同形异义词以及非同形词等日语四类汉语词的难易度。结果发现,中日同形同义词的正确率最高,中日同形异义词的正确率最低。加藤(2005)通过对比 57 名汉语母语者与 45 名英语母语者句子正误判断测试的结果,发现中日同形同义词正确率最高。但与陈毓敏(2003a)结果不同的是,他认为与中日同形异义词(false cognates)相比,中日同形近义词(partial/fickle cognates)的难度更高。

此外,音声、词形相近而词性存在差异也会影响词汇习得的难易度。曲维(1995)认为,中国学生经常弄错中日同形近义词的词性。陈毓敏(2002)以 21 名日语初级学习者及 22 名高级学习者作为受试,通过判断句子是否自然的纸质调查发现,词性差异也会造成习得难度的加大。但是,石坚、王建康(1983)通过问卷调查发现并非所有中日同形词在词性上的差异都会引发学习者学习的困难。因此,目标语与母语词义、词性差异的影响还需要进一步考证。

4.1.2　词义对应关系(O1、O2、O3 差异)造成的影响

无论母语与目标语在形式上是否相同,其词义往往不可能完全对应。例如英语的"speak"与汉语的"说",两个单词所表达的意义无法完全重叠。这时难度就会产生。

Dagut (1977)按照母语与目标语词义对应的关系,将单词分为了两类:一类是"集中(convergence)",也就是说 L2 的一个单词集中了 L1 多个单词的词义;另一类是"分散(divergence)",表示 L2 的多个词义对应 L1 一个单词的词义。这两种情况都被认为是两个语言的"词汇错位(Lexical gridding)",无法形成普通的"单词对应(Lexical mapping)"。此外,Laufer(1991)指出,除了以上两类对应错位外还存在一种情况,即 L2 和 L1 共享部分词义

但各自还有自己独特的词义。

这一分类与中日同形近义词词义的对应关系完全吻合。"集中"所指的就是 O1 的情况,也就是母语的两个词汇在日语中可以用一个词汇来表达(日语概念范围大于汉语)。而"分散"所指的是 O2 的情况,也就是母语一个词汇所表达的概念,在日语中是需要使用两个词汇来表达的(汉语概念的范围大于日语)。而 Laufer(1991)提出的第三种情况就是 O3,即双方都存在各自独有的词义。只是中日同形近义词还具备母语与目标语音声相近、词形表征相同的特征,是更为特殊的情况。

关于这三类词习得的难易度,Laufer(1991)指出,"集中"现象可能会引发学习者的听、读等理解方面的困难。因为他们需要判断听、读材料中所指的词义对应母语中的哪个意思。而"分散"会对学习者的产出造成困难。因为学习者需要"缩小"母语词义所指的范围。

除此之外,涩谷(2001)借鉴了 Stockwell 等(1965)的理论,按照母语与目标语的对应关系对习得难易度进行了以下描述。虽然该理论本身并非针对词汇习得,但是十分具有借鉴意义(表 4.1)。

表 4.1　母语与目标语的对应关系对习得难易度产生的影响①

难易度	对应关系	母语(英语)	目标语(日语)	举例
难 ↑↓ 易	(A)分化 Split	1	2	英语的"have(有)"没有日语「ある」(物体的存在)和「いる」(动物的存在)的区别
	(B)导入 New	0	1	英语没有与日语助词「は」所对应的词
	(C)消除 Absent	1	0	日语中没有英语的复数和冠词
	(D)统合 Coalesced	2	1	英语的完成时和进行时在日语中都用「ている」来表示
	(E)对应 Correspondence	1	1	英语与日语在过去时的表达方式是对应的

　　说明:本表中的数字是指语言形式的数目。1 表示 1 个语言形式,2 表示两个语言形式。0 表示没有对应的语言形式。例如,"分化"就是指母语的 1 个语言形式对应目标语有 2 个语言形式可以表达。

---

　　①　R.Ellis(2004)也介绍了该理论。本表是将涩谷(2001)的第 87 表格和 R.Ellis(2004)的第 307 页表格进行对照、翻译和解释而制。

可以看出,表4.1中的"分化(split)"等同于Dagut(1977)的"分散"。也就是本研究中的O2。由于学习者存在将目标语意义与母语意义一对一对应习得的倾向,所以会将母语的概念等同于日语中的一个概念,从而引起母语的负迁移造成习得困难。而"统合Coalesced"等同于Dagut(1977)的"集中",也就是本文中的O1。可以看出难度应该小于"分化"。

以上研究提供了O1的习得难度小于O2的难度的假设,特别是在产出过程中,O2的难度将更大。那么这一假设是否能够通过实验得到验证,在词性表征相同的情况下是否产生一些变化,都将在测试结果中具体描述。

4.1.3　其他影响因素

Laufer(1991)在词义的对应之外,还指出了母语与目标语在文化上的差异会造成习得的难度这一论点。的确,中日文化的差异会影响中国日语学习者对日语词义的理解与记忆。例如,学生们很难记住日语中各类鱼的名称,因为在中国特别是内陆地区,日常生活中很难遇到如此之多的海洋鱼类。但这一因素在中日同形近义词的习得上还未见有直接的、广泛的影响,因此本研究中未做详细讨论。

此外,Laufer(1991)认为固定搭配上的差异也会造成习得的难度。该研究指出,母语与目标语在固定搭配上的差异显然会造成习得的难易度增大。搭配的错误即使在二语水平较高的学习者身上也可以出现,特别是在产出的时候。依照Nation(2001)的观点,固定搭配的错误来源于对于词汇使用知识的缺乏。

词语的固定搭配如果依照其组成部分连接的紧密程度可以分为三个层次:成语谚语类的固定搭配,也被称作狭义的固定搭配;比较固定的一些表达方式、说法;词汇的自由组合。在第2.2.1节介绍中日同形近义词的特征时,也提到了目前有一些研究主要对同形词在中日两种语言中固定搭配的差异进行对比,其中所指的固定搭配多属于第三个层次。

认知语言学的观点认为,词汇不同的搭配选择表示不同的语义范畴,有不同的价值(赵艳芳,2001),因此搭配上的差异也应产生于语言内在语义的不同。或者说,学习者之所以难以掌握固定搭配,是因为在大脑中形成的目标词的词义表征是与母语者是不同的。因此,在本书中,中日同形近义词在第三个层次上固定搭配的差异仍然作为词义的差异来讨论。

对比分析假设以及对照研究虽然不能作为观察影响学习者词汇产出难易度的唯一标准,但是其影响是不可忽视的。Kato(2009)中也赞成这一观点。他认为,在产出测试中,对比分析可能发挥的作用是很大的,特别是对产出正确率要求比较高的时候。

4.1.4 问题与假设

在梳理了母语与目标语各方面异同对学习者习得的影响之后,本研究结合中日同形近义词的特征,具体提出以下问题与假设。

a. 母语与目标语的共有义项与独有义项差异因素是否影响该类词的产出? 如果是,会有怎样的影响?

假设 a:共有义项独有义项的产出结果应该存在差异。依照 Laufer(1990、1991、1997)的结论,与母语相同的共有义项的产出结果将好于独有义项。

b. O1(共有义项之外日语具有独有义项的词)、O2(共有义项之外汉语具有独有义项的词)、O3(共有义项之外汉语与日语都有各自独有义项的词)的类型差异因素是否影响目标语的产出? 如果是,会有怎样的影响?

假设 b:日语词汇与汉语词汇概念范围大小的差异类型不同,其产出结果也不相同。虽然在加藤(2005)的词汇使用正误判断测试以及陈毓敏(2003)的词义翻译选择测试中,O1、O2、O3 并未显现出明显的差异,但是依据先前研究中介绍的 Dagut(1977)、Laufer(1991)及 Stockwell 等(1965)的研究结果,母语两个词对应目标语一个词的"集中"现象在产出中的难易度不如母语一个词对应目标语两个词的"分化"现象难,所以在产出测试中,O1 的产出情况应该会好于 O2、O3。

c. 母语与目标语在词性上是否存在差异是否影响词的产出结果? 如果是,会有怎样的影响?

假设 c:Laufer(1990)等并未讨论母语与目标语在词性方面的差异是否影响该词的习得难易度。但是,依照 Lado(1957)提出的"对比分析假设"以及陈毓敏(2002)对词性差异影响习得难易度的实验结果可以假设母语与目标语词性相同的词其习得难度应该低于词性不同的词。

4.2　母语与目标语差异因素的影响

本章将依据非限时测试的测试结果,来讨论母语与目标语差异因素对于中国日语学习者的中日同形近义词习得带来的影响。主要通过 T 检验以及方差分析的统计学方法,验证以上母语与目标语差异因素影响学习者产出结果的三个假设是否成立。之所以采用非限时测试的结果主要有两个原因:其一,非限时测试的实验方法更为普遍与常用,方便与先前研究中的结论进行对照;其二,非限时测试的结果有学习者的测试后访谈支持,更容易讨论可能影响难易度的其他原因。

4.2.1　共有义项独有义项差异因素

4.2.1.1　总体差异

非限时测试的结果表明,受试产出 20 个中日同形近义词共有义项的平均值较高,为 1.52,而独有义项的平均值较低,仅为 0.91(见表 4.2)。经过两配对样本 T 检验,该差异达到了统计学的显著水平,$t(35) = 13.05$, $p<.01$。

因此,总体来说,共有义项独有义项差异因素的影响得到了验证,中日同形近义词共有义项的产出结果明显好于独有义项。

表 4.2　共有义项与独有义项的平均值与标准差

类型	平均值	标准差
共有义项	1.520	0.177
独有义项	0.906	0.233

4.2.1.2　讨论

由以上结果可以看出,受试者共有义项的平均得分远高于独有义项,说明共有义项的难度低于独有义项。这一结果符合 Lado(1957)对比分析假设以及 Laufer(1991:14)所指出的"目标语与母语在词形、发音上相同,但意义存在不同的词的习得难易度较大"的结论。对于学习者来说,因为共有义项母语与目标语的语义相同,所以无论是依赖母语的语义进行产出还是依赖已经掌握的目标语知识产出,其产出结果都是正确的。而独有义项则不同。如果不具备一定的目标语知识,就很难摆脱母语词义的干扰,产出时就会出现错误。

　　但是从每个单词的产出结果来看,20 个单词的共有义项的平均值并非都高于独有义项的平均值。见表 4.3。

表 4.3　20 个测试词共有义项、独有义项的平均值与标准差

（按照单词共有义项的平均值降序排列）

测试词	共有义项		独有义项	
	平均值	标准差	平均值	标准差
教室	2	0	1.11	0.52
時間	1.95	0.14	1.31	0.96
学生	1.91	0.37	0.69	0.83
習慣	1.91	0.37	1.89	0.47
緊張	1.91	0.37	0.88	0.67
反対	1.89	0.47	0.94	0.68
簡単	1.80	0.41	1.20	0.99
意見	1.77	0.43	0.46	0.51
無理	1,99	0.49	1.31	0.54
問題	1.73	0.57	1.69	0.46
愛情	1.63	0.65	0.40	0.50
普通	1.61	0.39	1.43	0.61
処分	1.49	0.89	1.03	0.57
最近	1.49	0.78	0.06	0.34
熱心	1.49	0.89	0.49	0.78
深刻	0.97	1.01	0.85	0.47
解釈	0.94	0.59	0.11	0.47
一定	0.83	0.85	0.93	0.30
関心	0.80	0.99	0.06	0.34
大事	0.51	0.89	1.29	0.57

　　经过 T 检验表明,在这 20 个词中,有 14 个词(占测试词数目的 70%)

的共有义项的平均值高于独有义项,而且在统计学上具有显著意义。分别是:

「時間」$[t(35)=3.82,p<0.01]$　　「教室」$[t(35)=10.16,p<0.01]$

「愛情」$[t(35)=8.62,p<0.01]$　　「処分」$[t(35)=2.94,p<0.01]$

「学生」$[t(35)=8.28,p<0.01]$　　「最近」$[t(35)=10.37,p<0.01]$

「簡単」$[t(35)=3.53,p<0.01]$　　「解釈」$[t(35)=6.56,p<0.05]$

「無理」$[t(35)=4.05,p<0.01]$　　「反対」$[t(35)=6.66,p<0.01]$

「熱心」$[t(35)=4.88,p<0.01]$　　「関心」$[t(35)=4.02,p<0.01]$

「緊張」$[t(35)=7.61,p<0.01]$　　「意見」$[t(35)=11.15,p<0.01]$

有 5 个词(25%)的共有义项的平均值虽然高于独自义项,但是在统计学上未看出显著意义。它们是:「問題」「深刻」「普通」「習慣」「一定」。

此外,有 2 个词的共有义项的平均值低于独有义项。它们是:「一定」「大事」。且「大事」一词经过 T 检验结果表明共有义项的平均值明显低于独自义项$[t(35)=3.83,p<0.01]$。

这样看来,虽然总体来说母语与目标语相同义项的习得难度小于两者存在差异的词义项,但是,并非所有的共同义项都因为母语的促进影响而使其产出结果明显好于独有义项,有些没有明显的差异,并且个别词的独有义项的正确率显著高于共有义项。这说明在日语中日同形近义词的习得过程中,共有义项、独有义项因素的影响虽然存在,但绝不是决定中日同形近义词习得难易度的唯一因素。

在这 20 个词中,「大事」一词较为特殊。通过笔者观察,「大事」作为形容词“重要的”,也就是日语独有义项的使用较为普遍,而“重大事件”这一共有义项的使用频率较低,且较为书面语化。此外,在受试者目前使用的日语教材中,「大事」一词作为新单词出现在单词表中的释义也是作为形容词“重要的”出现的。通过访谈的汇报发现,几乎没有学习者认为自己见到过日语「国家の大事」「大事をなす」这样地把「大事」作为“重要事件”的用法。在学习者的大脑中,已经形成了「大事」=“重要的”这一形式与概念的联合。因此,虽然是共有义项,但并没有因为母语词义的促进影响而使该词的产出更加容易。

这一现象说明,除了笔者假设的各因素之外,每个词义项的频率与学习者熟悉度也是影响中日同形近义词习得的一个重要因素,需要在今后的研究中加以重视。但是遗憾的是,据笔者所知,目前无论是中国学界还是日本学界还没有关于日语单词的每个词义项的频率、熟悉度的统计数据,也没有对每个单词的核心词义、边缘词义进行界定的词典,因此该因素在实验上的可操作性尚不完备。

4.2.2　O1、O2、O3 类型差异因素

4.2.2.1　总体差异

从整体来看,O1 的平均得分最高,为 1.36;其次为 O3,平均得分为 1.15;最低的为 O2,平均得分为 1.10。

经过单因素方差分析(One‐Way ANOVA)结果表明 O1、O2、O3 之间存在显著差异$[F(1,33)=34.64, p<.01]$。通过两两比较(Post Hoc Multiple Comparisons)中的 Tukey 法进行数据处理后,结果表明 O1 和 O2、O1 和 O3 之间存在显著差异,O2 与 O3 之间并不存在显著差异(具体见表 4.4、表 4.5)。

表 4.4　O1、O2、O3 的平均值与标准差

类型	人数	平均值	标准差
O1	35	1.36	0.16
O2	35	1.10	0.23
O3	35	1.15	0.24

因此,Dagut (1977)、Laufer(1991)及 Stockwell 等(1965)对习得难易度的假设得到了验证,O1、O2、O3 的难易度之间存在差异。与陈毓敏(2003)、加藤(2005)关于中日同形近义词的实验结果不同,O1 、O2 、O3 类型差异因素对产出难易度的影响得到了验证。

表 4.5　Post Hoc 中 Tukey 法两两比较的结果

两两比较项目	均值差	显著意义
O1:O2	0.26	.000
O1:O3	0.22	.000
O2:O3	−0.05	.077

4.2.2.2　讨论

陈毓敏(2003)与加藤(2005)都没有能够对 O1、O2、O3 三者孰难孰易做出结论,因此梳理先前研究时也提到,陈毓敏(2009)甚至主张取消 O1、O2、O3 的分类。但在本研究可以看出,O1 的难度是明显低于 O2 与 O3 的难度的。同时也可以看出,Dagut(1977)、Laufer(1991)以及 Stockwell 等(1965)研究中依照母语与目标语对应关系进行的假设虽然不是针对词汇习得,更不是针对中国学习者学习日语的,但是也同样得到了验证。

为了进一步探求 O1、O2、O3 难易度存在差异的主要原因,笔者分别观察了 O1、O2、O3 三类词共有义项与独有义项的产出结果以及分属于三类词的各个单词的产出结果。

1. O1、O2、O3 的共有义项与独有义项的差异

如表 4.6 所示,O1 共有义项的平均值为 1.606,独有义项的平均值为 1.104,均高于 O2、O3 的共有义项、独有义项的平均值。

表 4.6　O1、O2、O3 的共有义项、独有义项的平均值与标准差

类型	共有义项		独有义项	
	平均值	标准差	平均值	标准差
O1	1.61	0.22	1.10	0.30
O2	1.53	0.23	0.67	0.35
O3	1.33	0.37	0.98	0.22

为了验证这一差异是否具有统计学的显著性意义,笔者进行了非对应因素的线性方差分析。结果表明共有义项与独有义项差异因素 $[F(1,33)=170.51, p<.01]$ 和词汇类型因素 $[F(1,33)=27.40, p<.01]$ 的主要效果都达到了统计学的显著意义。而且两者存在交互作用 $[F(1,33)=23.27, p<.01]$。该结果说明,无论是在共有义项的情况下还是在独有义项的情况下,O1、O2、O3 的难易度都存在明显差异。

因此,笔者又分别对共有义项、独有义项情况下的 O1、O2、O3 的产出结果进行了单因素方差分析。结果表明,共有义项情况下,O1、O2、O3 之间存在显著差异 $[F(1,33)=10.28, p<.01]$。Post Hoc 两两比较的结果表明 O1、O2 之间没有显出差异,但是 O1 与 O3、O2 与 O3 之间存在显出差

异(表 4.7)。也就说,O3 这类词的共有义项的难度明显高于 O1 和 O2。

表 4.7　共有义项情况下 O1、O2、O3 Post Hoc 两两比较的结果

比较项目	均值差	显著意义
O1:O2	0.07	.077
O1:O3	0.28	.000
O2:O3	0.21	.006

而独有义项情况下,O1、O2、O3 平均得分的差异也达到了统计学的显著意义[$F(1,33)=26.74,p<.01$]。Post Hoc 两两比较的结果表明,独有义项的 O1、O2、O3 两两之间存在显著差异(表 4.8)。也就是说,O1 的独有义项的产出结果明显好于 O3,O3 的产出结果又明显好于 O2。

表 4.8　独有义项情况下 O1、O2、O3Post Hoc 两两比较的结果

比较项目	均值差	显著意义
O1:O2	0.433	.000
O1:O3	0.124	.039
O2:O3	−0.310	.000

由此可以看出,O1 产出难易度较低的原因在于无论其共有义项还是其独有义项,产出难度都是最低的。

O1 的独有义项难度显著低于 O2、O3,可能与产出过程的特征以及学习者已掌握的词汇知识有关。学习者即使没有习得 O1 的日语独有义项的知识,在产出时也可以通过借用已知的近义词的方式完成产出,因此降低了 O1 独有义项知识缺失所造成的困难。在独有义项的干扰较低的影响下,共有义项的产出状况也更好。

O2、O3 难易度不分伯仲的原因在于,O3 共有义项的平均得分明显低于其他两类,但独有义项的得分高于 O2。笔者推测 O3 共有义项平均值较低是因为多个词义的存在增加了共有义项的产出难度,影响了母语词义对产出共有义项的促进影响;而独有义项的得分高于 O2 是因为 O3 日语独有义项较为简单,35 名学习者的平均分为 1.15,标准差为 0.31,经过 T 检验,$t(35)=5.93,p<.01$,明显高于汉语独有义项的平均值 0.73。因此平衡了其

汉语独有义项造成的困难。

此外,O2产出难度较高的原因在于学习者产出汉语独有义项时难度尤其大。Laufer(1991)提出,母语与目标语"分散"的对应方式(等同于O2的情况)会造成产出困难,因为学习者在产出时需要"缩小"母语的使用范围。本研究验证了这一观点,证明了中国学习者难以遏制住O2的独有义项也就是汉语词义的负面影响。

2. O1、O2、O3各个单词间的差异

按照个别单词来看(表4.9),O1各个词的产出状况是比较均衡的,产出结果低于平均分的只有3个词。而O2产出状况差距最大,既有明显高于平均分的词,也有明显低于平均分的词。

表 4.9　O1、O2、O3 各个单词的平均值与标准差(降序)

O1	均分	标准差	O2	均分	标准差	O3	均分	标准差
時間	1.86	0.22	習慣	1.93	0.27	問題	1.64	0.38
普通	1.62	0.32	簡単	1.72	0.42	深刻	0.99	0.50
無理	1.42	0.45	学生	1.29	0.59	一定	0.98	0.45
教室	1.42	0.33	緊張	1.25	0.45	意見	0.96	0.34
処分	1.39	0.50	熱心	0.81	0.59			
反対	1.28	0.47	最近	0.80	0.46			
愛情	1.04	0.39	関心	0.49	0.50			
大事	0.83	0.41	解釈	0.46	0.40			

O1中低于平均值(1.36)的词有三个:「反对」「爱情」「大事」。通过结合表4.3进一步观察这三个词的共有义项、独有义项的平均得分发现,「反对」的共有义项平均得分为1.89(标准差为0.47),独有义项仅为0.94(标准差为0.68),说明日语独有义项"相反的""相对的"的产出对于学习者来说难度较大。「爱情」一词平均分较低的原因也在于其独有义项的平均分为0.40(标准差为0.50),明显低于其他O1词汇。因为受到母语根深蒂固的影响,学习者很难注意到「爱情」一词在日语中还可以用于表达"对事业,对母校的热爱"这一词义。而「大事」平均分较低的原因在于其共有义项的平均分仅为0.51,远低于其他O1词,其原因已在4.2.1.2中讨论过。

　　从之前分别讨论共有义项、独有义项的三类词汇的产出结果时已经看出,O2 难度较高的原因在于 O2 独有义项的平均得分远低于 O1 和 O3。通过结合表 4.9 观察属于 O2 的 8 个词的独有义项发现,「最近」「関心」「解釈」独有义项的平均值异常低,仅在 0.1 分左右徘徊。这三个词汉语与日语的差异都比较细微。特别是「最近」一词,无论在汉语还是日语中使用频率都相当高,也许正因为如此,学习者忽略了这个词不能表示将来动作的发生时间。与此相反,「習慣」一词独有义项得分却异常高,为 1.89(标准差为 0.47),说明学习者已经基本掌握了"习惯"一词的汉语独有义项用法,作为动词"习惯"的词义已经与日语「慣れる」一词的词义形成较为牢固的链接,不会再产生母语词义的负迁移。曲维(1995:37)提出:"中国学习者常常把日语的「習慣」当成动词使用,造出「……に習慣した」之类的句子,进入高年级,这种因母语影响而产生的误用才会逐渐减少。"虽然本章尚未讨论学习者日语水平的差异,但是 35 名学习者(包含 19 名二年级学习者)的平均分为 1.89,说明「習慣」独有义项的产出困难并不大。

　　O3 类词汇除了「問題」一词平均得分较高外,其他词的平均分都低于 1.0,且比较接近。结合表 4.3 可以发现,「問題」一词的独有义项平均值(1.69)远高于独有义项的总平均值(0.91)。「問題」的独有义项有两项,一是日语独有义项,二是汉语独有义项。学习者在看到"这次的考题很难"的提示时,有 30 名受试者(85.7%)都正确产出了日语的独有义项「試験問題」。学习者在看到"想提问题的同学请举手,不用拘束"这一提示时,有 28 名受试者(80%)都能够摆脱汉语词义的干扰,回答「質問」。关于学习者为什么能够摆脱汉语"问题"一词独有义项的干扰,有学习者在访谈中表示老师在课堂上强调过这一用法。

　　通过以上讨论可以看出,O1、O2、O3 三类词的共有义项、独有义项的产出难易度是不同的。O2 的独有义项的产出状况最差,而 O3 的共有义项的产出状况最差,这使得 O2、O3 总体上难于 O1。此外,从个别单词的讨论中也可以看出,O1、O2、O3 难易度可能受到个别单词的本身难易度(频率、学习者熟悉度等)的影响。

4.2.3 词性差异因素

4.2.3.1 总体差异

受试产出词性相同的中日同形近义词的平均得分为1.260,而词性不同的词为1.156。经过 T 检验结果发现,从整体来说,词性相同的中日同形近义词的平均值高于词性不同的中日同形近义词(表4.9),且具有统计上的显著意义[$t(35)=7.43,p<.01$]。而词性异同因素影响中日同形近义词产出难易度的假设也得到了验证。

表 4.10 词性相同与词性不同的中日同形近义词的平均值与标准差

类型	人数	平均值	标准差
词性相同	35	1.26	0.16
词性不同	35	1.16	0.17

4.2.3.2 讨论

本节中,词性差异因素对中日同形近义词习得的影响也得到了验证。词性作为词的使用知识之一,与词义的习得具有相当紧密的关系,也是考察学习者词汇知识是否完整的标准之一。但正如张麟声(2009)所说,目前词性不同的中日同形近义词并没有引起研究者的足够重视,几乎没有相关的研究。而本研究则在区分词性不同的中日同形近义词的基础上,明确了词性是否相同是影响词汇习得难易度的因素之一。

词性相同的中日同形近义词虽然与词性不同的词之间存在统计学上的显著差异,但是两者平均得分都不高。为了弄清词性差异究竟是如何与词义差异相互作用的,笔者又分别考察了属于词性相同的 O 词和词性不同的 O 词的共有义项与独有义项的差异,以及属于词性相同的 O1、O2、O3 和属于词性不同的 O1、O2、O3 之间的差异。

1. 词性相同、词性不同的 O 词其共有义项与独有义项的差异

词性相同与词性不同的共有义项与独有义项的均值与标准差见表4.11。

表 4.11　词性相同、词性不同的 O 词共有义项独有义项的平均值与标准差

类型	共有义项		独有义项	
	平均值	标准差	平均值	标准差
词性相同	1.59	0.22	0.85	0.30
词性不同	1.45	0.30	0.97	0.23

通过配对样本 T 检验,对词性相同的共有义项与词性不同的共有义项以及词性相同的独有义项与词性不同的独有义项进行比对的结果表明,词性不同的共有义项的平均值明显低于词性相同的共有义项。但是,独有义项两者的差异并未达到显著水平(表 4.12)。

表 4.12　共有义项与独有义项情况下词性差异因素影响的 T 检验结果

对比项目	t 值	p 值
词性相同的共有义项与词性不同的共有义项	3.54	.001
词性相同的独有义项与词性不同的独有义项	−2.83	.008

词性差异因素所造成的困难虽然在总体上得到了验证,但是,表 4.12 的结果表明这一影响仅体现在共有义项上,而独有义项并不受其影响。

通过分别观察词性相同、词性不同的单词的独有义项的平均值发现(表 4.13),学习者在产出「習慣」「普通」「無理」「大事」这些词性与词义同时存在差异的独有义项时,平均分并不低。反而是「愛情」「解釈」「最近」等词性不存在差异的独有义项的产出结果很差。除了这些词汇本身难度,或者学生的熟悉度存在差异之外,还有一种原因可能在于词性相同会使得学习者更难以意识到母语与目标语在词义上的差异,因而难以习得其独有义项。这一推断需要在后续研究中进行验证。

表 4.13　词性相同与词性不同的各单词独有义项的平均值与标准差

(降序排列)

词性相同			词性不同		
具体词	平均值	标准差	具体词	平均值	标准差
问题	1.69	0.46	習慣	1.89	0.47
学生	1.66	0.48	普通	1.43	0.61

续表

词性相同			词性不同		
具体词	平均值	标准差	具体词	平均值	标准差
時間	1.31	0.96	無理	1.31	0.54
簡単	1.20	0.99	大事	1.29	0.57
教室	1.11	0.52	反対	0.94	0.68
处分	1.03	0.56	一定	0.93	0.30
深刻	0,85	0.46	緊張	0.88	0.67
愛情	0.40	0.50	熱心	0.49	0.78
解釈	0.11	0.47	意見	0.46	0.51
最近	0.06	0.34	関心	0.06	0.34

2. 词性相同、词性不同的 O1、O2、O3 的差异

词性不同与词性相同的 O1、O2、O3 的均值与标准差见表 4.14。

表 4.14　词性不同与词性相同的 O1、O2、O3 的平均值与标准差

类型	O1		O2		O3	
	平均值	标准差	平均值	标准差	平均值	标准差
词性相同	1.37	0.22	1.00	0.25	1.29	0.30
词性不同	1.29	0.22	1.07	0.29	0.89	0.31

经过配对样本 T 检验结果表明:词性相同的 O3 平均分明显高于词性不同的 O3,而 O1、O2 无论母语与目标语词性是否相同,产出状况没有明显差异。具体数值见表 4.15。

表 4.15　词性相同与词性不同的 O1、O2、O3 的 T 检验结果

对比项目	t 值	p 值
词性相同的 O1 与词性不同的 O1	1.47	.150
词性相同的 O2 与词性不同的 O2	−1.64	.110
词性相同的 O3 与词性不同的 O3	5.98	.000

这说明,母语与目标语词性差异造成的困难仅对母语与目标语同时具有独有义项的 O3 词发挥作用,所以用词性是否存在差异来预测 O1、O2、

O3 的难易度是比较困难的。

综合以上讨论可以发现,母语与目标语词性差异对学习者习得中日同形近义词造成的困难在总体趋势上是存在的,但显然无法起到决定性作用,因为独有义项的习得难度以及 O1、O2 的产出都不受该因素的影响。

4.3　小结

本章首先梳理了与中日同形近义词习得相关的理论与实验研究,将母语与目标语的差异划分为共有义项独有义项差异、O1、O2、O3 类型差异以及词性差异三类,并假设这三类因素都对中国日语学习者中日同形近义词的习得状况(产出结果)产生影响。然后,通过对测试结果的统计分析证实了这些因素的存在,考察了其发挥的具体作用。

主要发现可归纳为以下三点。

1、对于中国日语学习者来说,中日同形近义词共有义项的习得状况与独有义项有明显的差异。共有义项的产出结果明显好于独有义项,由词形相同带来的母语语义迁移的促进影响是可见的。并且,在与词汇其他特性的共同作用中,共有义项与独有义项这一因素对测试结果(学习者的习得难易)的影响仍具有决定性的作用。

2、对于中国日语学习者来说,日语具有独有义项的词(O1)、中文具有独有义项(O2),或者双方都具有独有义项(O3)的词,究竟哪种类型词汇习得的难度高,在以往的实证研究中都未得出结论。而本研究证明,在产出状态下 O1 的难度低于 O2、O3,学习者在使用 O2、O3 类词时错误明显多于 O1。这一结果验证了 Laufer(1991)提出的在产出词汇时,因为学习者需要缩小母语的范围,所以母语对照目标语的"分散"现象(等同于本文中的 O2)会造成困难的主张。同时也证实了 Stockwell、Bowen、Martin(1965)提出的"分化"的难度高于"统合"观点的正确。此外,Laufer(1991)中虽然提到了在"集合"与"分散"之外,还存在一种 L2 和 L1 共享部分词义,其余还有各自独特词义的现象(O3),不过并没有对这类词的难易度进行推测,而本实验的结果表明,O3 在产出时难易度与 O2 没有明显的差异。

3、对于中国日语学习者来说,母语与目标语在词性上的差异也同样影响产出的难易度。总体上说,词性相同的中日同形词要比词性不同的中日同形词简单。但词性差异的影响不是绝对的,因为学习者产出词性不同的独有义项并不比产出词性相同的独有义项难。此外,中国日语学习者产出O1、O2 类型词汇时也未发现该因素的作用。

第五章　词汇本身难度对习得的影响

前一章讨论的是词汇因素中母语与目标语差异造成的影响,而本章讨论是与学习者的母语没有关系的词汇因素——词汇本身的难易度因素。与前一章结构相同,本章将先介绍词汇本身难度假设的形成,再通过实验结果分析这一因素具体发挥的作用。

5.1　词汇本身难度因素假设

词汇本身的特征与学习者的母语无关,包括与人使用相关的特征,比如该词在日常生活中的使用频率人们对其熟悉的程度等;也包括词的内在特征,例如词的构造、长度、词性抽象程度等等。这一因素也被认为会影响词汇习得的难易度。

5.1.1　词的频率、熟悉度的影响

认识语言学、心理语言学的不断发展使得许多研究者越来越关注输入与习得的关系,强调单词的频率对于习得难易度的影响。N.Ellis(2002)从认知语言学的观点出发,认为学习语言与学习其他认知技能是相同的,人们在处理、加工不同层次的语言现象时,依靠的是语言分布的频率知识。语言表征是形式和功能所匹配的概率在大脑中的反映,语言学习就是在这些语言表征之间建立联系的方式。输入的频率能够使学习者从中抽象出语言规律,因此频率是语言习得的关键(盖淑华,2011)。

虽然该理论的提出是基于语法习得而不是词汇习得的,并且文秋芳(2003)等研究指出,频率只是输入所具备的诸多特征之一,不具决定性。但

是,频率已经成为研究词汇习得影响时不得不考虑的问题。

一般来说,频率是指该单词在日常生活语言使用中出现的频率。关于日语使用频率的调查多是通过报纸、杂志来获得的(如日本国立国语研究所"现代杂志的词汇调查——1994年发行的70本杂志"等),属于社会调查的性质,所以相对来说是一种比较客观的评判标准。然而,对于个人来说,由于存在年龄、性别、职业的差别以及所处社会背景、生活环境等各方面的不同,还存在另外一种较为主观的评判标准。

这种主观的评判标准被称作单词的熟悉度(英语为 word familiarity,日语为「親近度」),是指人们对于某一单词感觉到熟悉的程度。Nation(2000)指出,不同的学习者习得相同单词的难度是不同的。作为习得难易度的一般标准,学习者对目标词的知识越熟悉就越容易习得。日本交流科学基础研究所(1999)将熟悉程度分为7个等级,通过对40名受试的调查,获得单词的熟悉度的数据。该研究发现熟悉度与单词的使用频率具有很高的相关性,频率高的单词其熟悉度也高,频率低熟悉度却高的单词寥寥无几。此外,该研究还提出,人们对于某一单词的熟悉度越高,认知所需要的时间越短,认知的错误也越低。

5.1.2 词汇内在特征影响

词汇在音声、字形、词义、使用上的各个特征对于习得的难易度也有影响。Laufer(1997)提出了英语词汇内在特征对于习得难易度的影响。第一,音声方面的因素(pronouncability)。例如,发音是否有规则、重音的变化是否明显等。第二,构词法的复杂度(derivational complexity)。学习者是否容易利用已知词汇将新词进行分解,运用部分词义。第三,语法方面的因素(grammar)。比如,英语中名词最简单,紧接着是形容词,而动词和副词最难。第四,意义方面的因素(semantic features of words)。抽象的词比具体的词更难习得,意义单一的词汇也比词义复杂的词汇容易习得。此外,关于词汇内在特征的影响,N.Ellis、Beaton(1993)也提出单词的长度、词性、频率、能否形成具体意象等也是影响词汇习得的因素。

无论是单词的频率、单词的熟悉度,还是词汇内在的发音、构词、词性、抽象性等因素,对于二语学习者能否习得中日同形近义词并正确地使用该类词都具有相当紧密的联系。不过,目前尚缺乏中国日语学习者接触到的单词频率以及对日语单词熟悉度的基础调查。此外,小森(2010)在实验结果中发现,她所采用的通过报纸杂志调查得出的"频率"的数据,并不能真实反映该词在生活中的使用频率。因此,在实验中如何既科学又简便地处理单词本身的难易度这一因素是一个重要问题。

在 3.2.2.2 节,笔者已经介绍了本书对于词汇本身难易度因素的具体操作。即把日本国际交流基金与日本国际教育支援协会(原日本国际教育协会)举办的(旧)日语能力测试出题标准词汇表的四个等级作为判断词汇本身难易度的基准,将属于 3、4 级的中日同形近义词认定为本身难度较低的"初级"词汇,将 1、2 级的中日同形近义词认定为词汇本身难度较高的"中高级"词汇。

采用这一基准的具体原因在于(旧)日语能力测试出题标准词汇表四个级别的划分基本是按照单词的频率、熟悉度来实施的。

其中,3、4 级单词表是以国际范围内最为常用的 11 本初级日语教科书作为基础,先对其中出现单词的频率进行了调查与统计,把同时出现在 4 本及以上教科书中的、符合 3、4 级水平学习者学习范围的单词作为候选,再结合日语词汇教育的相关参考资料进行最终认定制作而成。

而 1、2 级的单词表没有采用教科书统计的方法。原因在于日语中、高级教科书的编写多是引用已经成文的小说、随笔、论文以及新闻报道,从日语教育角度来看,其统计结果的意义不大。所以制定者直接参考了 1984 年日本国立国语研究所编制的《日语教育基础词汇调查》、同研究所 1980 年的《日本知识分子口语使用的实际状况》、1984 年的《高中教科书词汇调查Ⅱ》、1987 年的《中学教科书词汇调查Ⅱ》、1964 年的"分类词汇表"以及外国人日语能力调查联合会议 1982 年的"外国留学生日语能力标准与测试的调查研究"制作而成。

所以,无论是 3、4 级还是 1、2 级词汇表的制定都充分考虑到了单词的出现频率、学习者熟悉度以及词汇内在要素综合形成的实际难度。虽然自 2010 年起,日本开始在世界范围内实施新的能力测试,将评分等级由原来的 4 个变为了 5 个,由此不再沿用原有的词汇分类标准。但是新测试并没有公开新的出题标准,并且指出"新考试在合格与判定标准方面,与截止至

2009 年的考试(旧考试)的等级是对应的,旧考题的试题和《出题标准》也会有所帮助"①。因此,现有的旧测试基准中的词汇表仍然是目前为止公开的、反映日语教育背景下词汇本身难度的最可靠标准。

另外,在目前词汇习得相关研究中,如李荣(2006)、小森(2010)等在讨论到词汇本身难度时也多是采用了这一基准。

5.1.3 同母语与目标语差异因素的交互影响

Laufer(1991)认为,在语言教学实践中,我们把影响学习者习得的词汇因素分为语间因素与语内因素,但它们并不是独立存在而是交织在一起的。Laufer(1991:23)在介绍了可能影响词汇习得难度的各个因素之后如此说道:

> 观察这些因素如何一边相互作用,又一边用自己独特的方式影响词汇学习的难易度将是非常有趣和有用的。例如一个发音很简单的特殊词与一个发音较难的普通词哪个会更容易一些呢。但是,就我所知,还没有人作这些研究。②

中日同形近义词习得难度的研究也存在同样问题。目前中日同形词的研究仅限于对母语影响的讨论,却忽视了其他因素的存在。关于母语的影响,涩谷胜己(2001)中提到,在语言的各种侧面中,有母语影响比较显著的部分和母语的影响不够显著的部分。因此,母语因素虽然重要,但是它的发生是与其他各个因素交互发生作用的,表现为时强时弱。如果不探讨这些交互作用,实验室研究永远是实验室研究,很难运用到日常的教学当中。因此,本章在考察词汇本身难易度因素的影响时,还将探讨该因素同母语与目

---

① 引自日语能力测试官网"常见问答"https://www.jlpt.jp/cn/faq/index.html.

② It would be interesting and useful to investigate how these feature affect learning difficulty when they interact with each other, in different ways. For example, are specific words with easy pronunciation easier or more difficult to learn the general words with difficult pronunciations? To my knowledge, no such studies have been carried out.

标语差异因素的交互作用。

5.1.4　问题与假设

基于以上现有研究的成果与观点,本节提出以下具体问题与假设。

a. 词汇本身难易度差异因素是否在总体上影响中日同形近义词的产出结果? 如果是,会有怎样的影响?

假设 a:依照 Laufer(1997)提出的影响词汇习得难易度因素理论,词汇本身难易度的影响是存在的。难度越低,产出结果应该越好。

b. 母语与目标语的差异因素是否与词汇本身难易度差异因素存在相互影响? 如果有,会是怎样相互影响的?

b1. 共有义项、独有义项的产出难易度是否因词汇本身难易度的不同而变化? 如果是,会有怎样的变化?

b2. O1、O2、O3 的产出难易度是否因词汇本身难易的不同而变化? 如果是,会有怎样的变化?

b3. 词性相同的中日同形近义词与词性不同的中日同形近义词的产出难易度是否因词汇本身难易度的不同而变化? 如果是,会有怎样的变化?

说明:如果依照传统的对比分析假设理论进行假设的话,母语与目标语的差异是决定难易度的绝对因素,因此,词汇本身难易度的不同不会改变共有义项比独有义项产出容易的假设。而且,无论词汇本身难易度如何,O1 都比 O2、O3 容易。词性相同的中日同形近义词都比词性不同的中日同形近义词容易。但是,如果依照词汇习得影响因素中的频率和熟悉度决定难易度的理论来说,则与上面的假设正相反。无论是共有义项、独有义项,O1、O2、O3,词性是否相同,初级词汇都比中高级词汇容易。

5.2　词汇本身难度因素的影响

5.2.1　总体差异

本书 2.3.1 节"选词标准与步骤"中已经说明了本实验的测试用词都出现在日语能力测试出题标准中。其中,属于初级的 O 词对于受试来说都是已知词汇,但是平均值仅为 1.316(表 4.15),结果并不理想。可见中日同形近义词对于中国学习者来说的确比较难以掌握。而属于中高级的 O 词的平均值更低,仅为 1.101。经过 T 检验表明,初级词汇的平均值高于中高级词汇,且在统计上存在显著意义[$t(35)=13.42, p<.01$]。

因此,词汇本身难易度影响学习者习得难度的假设得到了验证。

表 5.1 初级词汇与中高级词汇的标准差

类型	人数	均值	标准差
初级词汇	35	1.316	0.148
中高级词汇	35	1.101	0.191

5.2.2 讨论

一直以来,关于中日同形词的研究都是围绕母语迁移展开的,而词汇本身的难易度这一影响词汇难易度最为基础的因素却因为中日同形词词形相同的特性被忽略了。

本实验结果表明,虽然中日同形近义词对汉语母语学习者来说是一类特殊的词汇,但是,Laufer(1991)提出的词汇本身难易度对习得难易度的影响是存在的。此外,本结果与李荣(2006)针对韩语母语学习者的调查结果一致,属于初级词汇的中日同形近义词在总体上比中高级词汇更容易习得。这说明了在比较中日同形词或者中日同形近义词的难易度时,如果不对词汇本身难易度进行控制和讨论的话,其结果将无法反应词汇类型之间的真正差异。

那么,初级词汇和中高级词汇这一因素是否能够决定词汇习得的难易度呢? 通过观察各个词的均分与标准差发现(表 5.2),初级词汇与中高级词汇的差异也只是判断 O 词难易度的一个标准,并非唯一标准。因为初级词汇中存在正确率低于 1 的单词,而中高级词汇中同样存在正确率高于的 1.5 的单词。

表 5.2 初级词汇与中高级词汇的各个词的均分与标准差(降序排列)

初级词汇	均分	标准差	中高级词汇	均分	标准差
习惯	1.929	0.273	簡単	1.717	0.422
时间	1.856	0.220	無理	1.417	0.449

续表

初级词汇	均分	标准差	中高级词汇	均分	标准差
问题	1.644	0.378	处分	1.391	0.496
普通	1.622	0.316	反对	1.282	0.473
教室	1.417	0.330	紧张	1.247	0.447
学生	1.286	0.592	爱情	1.038	0.394
意见	0.960	0.338	深刻	0.986	0.495
大事	0.831	0.407	一定	0.978	0.453
热心	0.812	0.591	关心	0.489	0.503
最近	0.799	0.457	解释	0.462	0.401

因此,词汇本身难易度因素绝不是决定中日同形近义词难易度的唯一因素,其应该是同母语与目标语的差异因素存在交互作用的。接下来,笔者将一一分析词汇本身难易度因素同母语与目标语差异因素的交互作用。

5.3　词汇本身难易度因素同母语与目标语差异因素的交互影响

5.3.1　同共有义项独有义项差异因素的交互关系

在 4.2.1 节中,我们已经得出了共有义项的产出结果好于独有义项的结论。通过分别观察初级 O 词与中高级 O 词的共有义项与独有义项的测试结果发现(表 5.3),无论是初级词汇还是中高级词汇,共有义项的平均值均高于独有义项。同样,无论是共有义项还是独有义项,初级词汇的平均值均高于中高级词汇。而且中高级词汇的共有义项的平均值高于初级词汇独有义项的平均值。

表 5.3　初级 O 词、中高级 O 词的共有义项、独有义项的平均分与标准差

类型	共有义项		独有义项	
	平均值	标准差	平均值	标准差
初级 O 词	1.632	0.254	1.274	0.195
中高级 O 词	1.403	0.217	0.771	0.245

　　为了验证这些差异是否达到统计学的显著性水平,笔者进行了词汇难易度因素与共有义项独有义项差异因素的非对应关系线性方差分析。结果表明,无论是词汇难易度因素[$F(1,34)=99.69, p<.01$]还是共有义项独有义项差异因素[$F(1,34)=160.23, p<.01$]的主要效果都达到了统计学的显著意义。而且两者存在交互作用达到了统计意义[$F(1,34)=24.47, p<.01$](图5.1)。这表明以上差异达到了统计学的显著水平,词汇本身难易度因素与共有义项独有义项差异因素共同影响学习者习得的假设得到了验证。

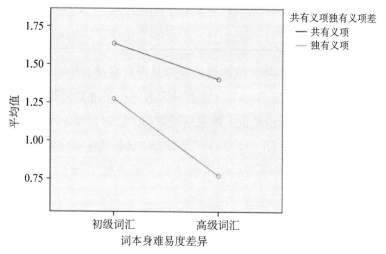

图5.1　词汇难易度因素与共有义项独有义项差异因素之间的关系

　　该结果显示,词义项的测试结果与词汇本身难易度因素以及共有义项独有义项因素二者都相关。中国日语学习者的中日同形近义词习得难度由易到难的顺序为:初级词汇的共有义项、中高级词汇的共有义项、初级词汇的独有义项、中高级词汇的独有义项。在排序中,初级 O 词独有义项的难度仍然高于中高级 O 词共有义项的难度,说明母语词义差异仍然是影响学习者习得难度的关键。

　　此外,图5.1中共有义项的直线角度与独有义项相比较为平缓,说明初级 O 词共有义项与独有义项之间的差异不如中高级词汇明显,词汇知识的整合程度较好。而中高级 O 词共有义项与独有义项的差异明显,学习者产出中高级 O 词独有义项显得格外困难。

5.3.2 同 O1、O2、O3 类型差异因素的交互关系

同样,本书的 4.2.2 节得出了学习者习得 O1 的难度明显低于 O2、O3 的结论,那么这一结果是否受到词汇本身难易度因素的影响呢? 表 5.4 列举了初级的 O1、O2、O3 与中高级的 O1、O2、O3 的平均值与标准差。

表 5.4 初级和中高级的 O1、O2、O3 的均值与标准差

类型	O1		O2		O3	
	均值	标准差	均值	标准差	均值	标准差
初级词汇	1.42	0.18	1.15	0.29	1.30	0.26
中高级词汇	1.25	0.27	0.92	0.28	0.89	0.35

为了验证表 5.4 中平均值的各项差异是否具有统计学的显著意义,笔者对词汇难易度因素与 O1、O2、O3 差异因素进行了非对应因素的线性方差分析。结果表明,无论是词汇难易度因素[$F(1,34)=90.76, p<.01$]还是 O1、O2、O3 差异因素[$F(2,33)=22.57, p<.01$]的主要效果都达到了统计学的显著意义,两者的交互作用也达到了显著意义[$F(2,33)=6.13, p<.01$](图 5.2)。

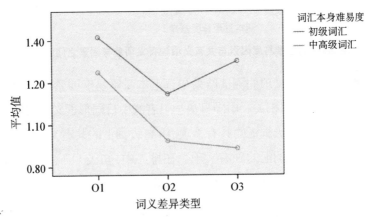

图 5.2 词汇本身难易度因素与 O1、O2、O3 类型差异因素之间的关系

分别对初级的 O1、O2、O3 的平均值进行单因素方差分析结果表明,三者存在显著差异[$F(2,33)=11.20, p<.01$]。Post Hoc 两两比较结果(表5.5)表明,属于初级词汇的 O1 与 O2 存在明显差异,但是,O1 与 O3 以及

O2 与 O3 之间并不存在明显差异。

表 5.5　初级的 O1、O2、O3 Post Hoc 两两比较的结果

比较项目	均值差	显著意义
O1:O2	0.27	.000
O1:O3	0.12	.086
O2:O3	−0.16	.071

中高级的 O1、O2、O3 平均值的单因素方差结果表明,三者存在显著差异$[F(2,33)=20.616,p<.01]$。Post Hoc 比较结果(表 5.6)表明,中高级的 O1 与 O2、O3 均存在显著差异,但是 O2 与 O3 之间不存在显著差异。

表 5.6　属于中高级的 O1、O2、O3 平均值两两比较检测结果

比较项目	均值差	显著意义
O1:O2	0.326	.000
O1:O3	0.362	.000
O2:O3	0.036	1.000

由此可见,初级的 O1、O2、O3 难易度差异与中高级词汇不同。词汇本身难易度因素与词义差异类型因素对难易度影响的相互作用得到了验证。

在第四章单独讨论 O1、O2、O3 差异时,我们发现 O1 的产出难度低于 O2 和 O3。通过结合词汇本身难易度可以看出中高级的 O1 的难度并不低,平均值反而略低于初级词汇的 O2。此外,在初级词汇的情况下,除了 O1 的平均值明显高于 O2 之外,O1 与 O3 以及 O2 与 O3 并不存在明显差距,说明学习者在产出初级词汇时,O1、O2、O3 差异类型造成的影响并不明显。而在中高级词汇情况下,O1 平均值明显高于 O2 和 O3,说明 O1、O2、O3 差异类型在中高级词汇上表现出的影响较大。

在词汇本身难易度因素与 O1、O2、O3 类型差异因素的共同影响下,中日同形近义词的难度由低到高排名为:初级的 O1、初级的 O3、中高级的 O1、初级的 O2、中高级的 O2、中高级的 O3。其中,初级的 O2、中高级的 O2 以及中高级的 O3 都是学习者习得的困难所在。

5.3.3　同词性差异因素之间的关系

母语与目标语在词性上的相同与否对习得难度的影响已在 4.2.3 节中进行了讨论。结果发现词性存在影响只是一种总体趋势，因为该因素仅影响了受试者共有义项以及 O1 的产出结果，并没有在独有义项及 O2、O3 的产出结果中发挥作用。那么，该因素是否受到词汇本身难易度因素的制约呢？词性相同与词性不同的初级 O 词、中高级 O 词的平均值与标准差见表 4.19。

词汇难易度因素与词性差异因素的方差分析结果表明，无论是词汇难易度因素[$F(1,34)=180.150, p<.01$]还是词性差异因素[$F(1,34)=55.265, p<.01$]的主要效果都达到了统计学的显著意义。并且，两者的交互作用也达到了统计意义[$F(1,34)=14.643, p<.01$]。具体关系见图 5.3。

表 5.7　词性相同与词性不同的初级 O 词、中高级 O 词的均值与标准差

类型	词性相同		词性不同	
	平均值	标准差	平均值	标准差
初级词汇	1.400	0.165	1.231	0.196
中高级词汇	1.119	0.214	1.083	0.225

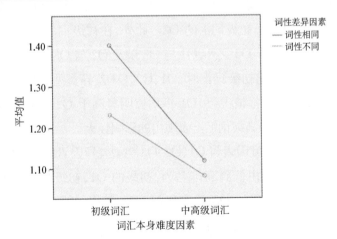

图 5.3　词汇本身难度因素与词性差异因素之间的关系

这一结果验证了词汇本身难易度因素与词性差异因素共同影响中日同形近义词产出的难易度的假设。无论是初级词汇还是中高级词汇,中日词性相同的O词其产出结果总是好于词性不同的O词。难易度由易到难的排序为:初级词汇且词性相同的O词、初级词汇词性不同的O词、高级词汇词性相同的O词、高级词汇词性不同的O词。

为了进一步比对初级O词与中高级O词词性差异影响的不同,笔者分别对初级词汇条件下,中高级词汇条件下词性相同与词性不同的中日同形近义词进行配对样本T检验。结果表明,初级词汇条件下,词性相同与词性不同的词存在显著差异$[t(35)=3.501, p<.01]$。而中高级词汇条件下,词性相同与词性不同的中日同形近义词不存在显著差异$[t(35)=.607,$ n.s.]。

这表明,在词汇本身难度比较低时,词性相同与词性不同的中日同形近义词难度差异明显,而词汇难度较高时,词性的差异将不再显著。

这一结果预示,当学习者较好地掌握了初级词汇的词义知识之后,母语与目标语在使用上的差异造成的阻碍才开始变得明显起来。而就中高级词汇来说,母语与目标语词义差异知识仍然是学习者产出最大的阻碍,使用方面的差异阻碍反而不那么明显了。

5.4 小结

本章主要验证了初级词汇、中高级词汇这一词汇本身难易度因素对于习得难易度的影响,并探讨了该因素同母语与目标语因素的交互作用。所得结论可以整理为以下两点。

1、从总体来看,初级的中日同形近义词比中高级词汇更容易习得。

2、结合母语与目标语差异因素来看,词汇本身难易度因素同母语与目标语的差异因素存在交互作用。

首先,在词汇本身难易度因素同共有义项、独有义项因素的影响下,中日同形近义词义项的习得难易度由易到难的顺序为:初级词汇的共有义项、中高级词汇的共有义项、初级词汇的独有义项、中高级词汇的独有义项。在词汇本身难易度因素同O1、O2、O3类型差异因素的影响下,中日同形近义词习得难易度由易到难的顺序为:初级词汇的O1、初级词汇的O3、中高级词汇的 O1、初级词汇的 O2、中高级词汇的 O2、中高级词汇的 O3。在词汇本身难易度因素与词性差异因素的影响下,中日同形近义词习得难易度由易到难的顺序为:初级词汇且词性相同的 O 词、初级词汇词性不同的 O 词、高级词汇词性相同的 O 词、高级词汇词性不同的 O 词。

其次,词汇本身难易度不同时,母语与目标语的三个差异的具体影响也不同。初级 O 词的共有义项独有义项之间的差异不如中高级词汇明显,中高级 O 词的独有义项才是学习者习得的最大障碍。因为词汇本身难度较高意味着该词出现的频率较低、学习者熟悉度不高,词汇内在构成复杂,在这样的情况下,如果还有母语词义项进行干扰的话,对学习者意味着难上加难。

另外,对于初级词汇,O1、O2、O3 类型差异造成的影响并不明显。而在中高级词汇情况下,O1 的产出结果明显好于 O2 和 O3。这一结果可以成为 Dagut(1977)、涩谷(2001)等研究提出的母语与目标语"分化/分散"关系习得难度高于"集中/统合"关系的补充:这种趋势主要体现在本身难度较高的词汇上。

最后,词性差异因素在不同难易度的词汇上体现出的影响也不同。在初级词汇条件下,词性相同与词性不同的中日同形近义词产出难易度的差异明显,而中高级词汇条件下,词性是否相同对产出难易度的影响没有显著差异,产出难度均较高。说明了母语与目标语词性差异的影响只在本身难度较低的词汇上体现了出来。而本身难度较高的词汇,无论母语与目标语是否存在词性差异,对于学习者来说习得难度都很大。这也印证了涩谷胜己(2001)所提出的母语因素的影响时强时弱且与其他各因素交互发生作用的观点。

第六章 不同日语水平学习者中日同形近义词的习得状况

前两章主要分析了影响学习者词汇习得的客观因素,而本章将主要探讨主观因素——学习者日语水平,通过比较不同日语水平学习者中日同形近义词的测试结果以及与词汇因素的交互作用,探求学习者词汇深度知识的发展状况,了解中日同形近义词习得的轨迹,剖析学习者母语与二语知识的具体影响。

6.1 学习者日语水平差异假设

作为习得研究,就不得不考虑习得的主体,也就是学习者的差异。这一差异包括学习者在生理上的差异以及在认知上的差异。本书3.2.1节在界定"习得难易度"概念时,已经提到了本研究所探讨的习得难易度将涉及一种群体(日语水平较低的学习者)与另一种群体(日语水平较高的学习者)的差别,目的是为了考察中日同形近义词习得的"难"是否与学习者的日语水平有关,是有可能随着学习者日语水平的提高而改善,还是停滞不前,从而对该类词的习得发展过程有更为立体的认识。

6.1.1 中日同形近义词习得的进程

无论是语法还是词汇,学习者的习得都不是一蹴而就的,而是长时间不断发展变化的,并且发展的轨迹也可能是复杂的。所以,长期的纵向观察是必要而且最为科学的。但是由于该方法耗时长、效率低,所以现有的实证研究往往采取用群体间横向比较的结果来观察习得过程的发展。第三章中

3.1.2 以及 3.1.3 节所介绍的与中日同形近义词相关的中介语研究及认知处理研究,都把学习者的二语水平作为了调节变量,横向比较了初级、中级、高级三类或初级、高级两类受试之间的差异。总体来说,日语水平较高的学习者与日语水平较低的学习者在测试结果上应该是存在差异的。但是,加藤(2005)也提出了中日同形近义词的习得可能存在化石化现象(具体见3.1.2 中日同形近义词的中介语研究)。

化石化(fossilization)是 Selinker(1972)与中介语概念一起提出的。该现象是指在学习者的中介语不断变化接近目标语的过程中,在某些环境和条件下的某些项目,如果学习者不正确的发音与语法已经成型,中介语就无法再继续发展的情况。加藤(2005)提出中日同形近义词化石化倾向存在的依据在于其测试中采用的 8 个中日同形近义词中,有些词汇即使是高级学习者的得分也很低。但是,由于判断课题以及只考察汉语负迁移等方面存在的局限性,该结论需要更为细致的观察。

Long(2003)指出研究者不应该轻易做出化石化的判定。因为要证明化石化,必需获取真正的高级学习者的数据,甚至要对这样的学习者进行长达 10 年甚至 20 年的调查才能够下定结论。小柳(2004)也提出对于学习者持续一种错误且没有改善与发展的状况与其做出化石化的判断不如说它是固定化。

小柳 Kaoru(2004)中列举了 Kellerman(1985)研究。该研究通过观察母语为荷兰语的英语学习者自动词、他动词的习得过程发现,荷兰母语者在 17 岁之前能够均衡地使用"break"的自动词用法与他动词用法,例如"The cup broke"和"He broke his leg";但是 18 岁至 20 岁这一阶段,开始减少使用该词自动词的用法;等到过了 20 岁又开始增加。Kellerman (1985)认为,这一原因可能与在 18 岁至 20 岁阶段学习者对动词的用法变得敏感,因此开始犹豫是不是可以使用该用法有关。由此可见,学习者语言的发展过程不是直线上升的,而是曲线的、波折的,甚至会出现停顿(图 6.1)。那么中日同形近义词的习得究竟呈现出一种怎样的状态呢?这就需要通过实验结果来呈现。

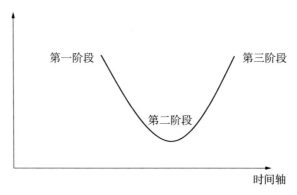

图 6.1　学习者的 U 字型发展曲线(kelleman,1985)

6.1.2　词汇知识的深度发展

　　词汇习得的过程被认为是词汇知识的发展过程,这一过程主要包括词汇量的扩大与词汇知识的深化两个维度(Nation,1990)。而中日同形近义词的习得与词汇知识的深化过程有着密切的关系。

　　近年来,词汇知识的深化越来越受到研究者的重视。Read(2000)提出,词汇习得研究不是仅仅回答学习者认识哪些词,即对词汇习得的数量的研究;还应该关注学习者在多大程度上认识这些词,即对知识深度的研究。Jiang(2004)中也对词义深度发展做出了以下描述:词义的深度发展,是指对于词的含义具有更精确的理解,了解一个词语与其母语翻译之间的词义区别的知识,了解这个词语与其他目标语词之间的关系,并从对单词的中心词义的了解逐步扩展到周边词义、比喻(figurative)和内涵。

　　中日同形近义词本身属于多义词。这类词的习得过程属于词义深度发展的过程。Aitchison(1987)把词汇习得分为三个阶段:贴标签(Labeling),建立概念与所指之间的关系;组合(parking),指学习者发现一词多义和多义一词的过程;建立网络(network-building),在新的意义和原有意义之间建立联系的过程。通过观察现有文献中提出的汉语母语学习者对中日同形近义词的误用可以发现:高水平的日语学习者仍然无法正确产出某些中日同形近义词的原因就在于对这些词的习得还只停留在"贴标签"这一最初级的阶段。

　　杨绘荣(2007)指出:实证研究发现词汇知识并不像词汇数量那样随着

学习进行的推进而自然增加,许多中高级学习者能够辨认、理解大量的词汇,却只能自如运用其中的一小部分。他们对多数词汇的了解往往停留在拼写、发音、核心语义、基本句法等浅层次知识层面上,缺乏对词汇的语域、搭配、派生、联想等深层次知识的了解。

词汇的深层知识本身就不一定会随着学习者日语水平的提高而提高,而中日同形近义词这类在字形表征上与目标语相同的词汇的其深度知识的发展状况又是如何,还需要进一步的观察。

6.1.3　学习者二语水平与母语影响

母语的影响是二语习得领域中最为基础的论题,无论是语法习得还是词汇习得,无论学习者的或听或说或读或写,无论考察习得过程还是分析习得结果,抑或是推测大脑中的认知处理,都无法避免对母语影响的探讨。但是许多研究对于究竟何为"母语的影响"缺乏科学的界定,行文中对母语负迁移、正迁移的判断也显得过于轻松与随意。

探讨学习者中日同形近义词的习得无法回避母语的影响这一概念,这与母语迁移理论的发展历程有关。因此,本节将首先回顾二语习得研究对母语影响的界定以及母语影响的种类,再讨论学习者二语水平与母语影响的关系。

6.1.3.1　学习者母语的影响

母语的影响,也被称作母语迁移。这一概念在早期研究中是与迁移的概念基本重合的。俞理明(2004)提出,"迁移"二字并不是二语习得的专有词,而是学习心理学的一个重要概念。Odlin(2003)指出,Weinreich 在1953 年的著作《语言交际(*Languages in Contact*)》和 *Robert Lado* 在 1957年的《跨文化语言学(*Linguistics Across Cultures*)》被认为是讨论迁移的起点著作,其中探讨了母语对第二语言的影响,包括双语者两种语言间的互相影响,所关注的也是已有的语言知识对新的语言知识的干扰(interferece)。这一时期的著作被某些学者看成是行为主义语言观的产物,但 Odlin(2003)认为,Weinreich 在提到"干扰 interference"时,强调了"迁移涉及认知心理学的各个分支",因此认为迁移研究最初就具有认知心理学的印记。

随着对比分析假设理论的衰败和中介语假设理论的兴起,迁移的研究将重点放在了学习者身上,这也是为什么在讨论过词汇因素中的母语与目标语差异因素之后,仍然需要在本节分析学习者因素时再次讨论母语的影响。这里迁移不再仅仅是母语与目标语的对比,更是观察和分析学习者中介语特征的要素之一。

近年来,"母语的影响"一词逐渐代替"母语迁移"被广泛使用。因为母语迁移特别是指母语的干扰,被称为"第一语言迁移(L1 transfer)",也被称为语间迁移(interlingual transfer)。虽然"迁移"一词没有表明自己所指的是负面作用,但是因为早期研究多关注的是学习者的错误,认为迁移就是一种冲突,是干扰,对于学习者的负面影响大于正面影响,所以一说到"母语迁移"似乎就都带有这种意味。Kellerman 和 Sharwood Smith(1986)用"cross linguistic influence"("跨语言影响"或"语际影响")来替代"迁移"的概念。这是因为现在已经有相当一部分理论研究和实证研究都认为母语对二语的正面影响从整体上看远大于负面影响(王立非,2004)。

在二语习得研究中,母语的影响可以依照结果、发生层面、意识有无、发生环境分为各个种类。

首先,依据母语影响产生的效果可以分为母语的正迁移与负迁移。母语的正迁移(positive transfer)专指母语对二语习得的促进影响。而母语的负迁移则专指母语对学习者的干扰(interference)。这是经常提到的两个概念。

此外,从母语影响发生层面可以划分为微观层面的具体的语言特征结构的母语迁移和宏观层面的知识与能力方面的母语的影响。这并非是两种影响,而是由于观察者观察的角度和对象的不同而产生的。比如,中国学习者在产出中日同形近义词时,会直接将日语单词音读化,引发词义上的迁移。这就属于微观的具体语言特征的迁移。除此之外,还存在一种知识和能力的迁移,多指社会文化等因素造成的影响。比如,在交际过程中常出现的,虽然语法上是正确的,但是表达方式却因为文化的差异而显得有些不合时宜的情况。

另外,还有一种认知方面的划分方式。那就是学习者有意识的母语迁移和学习者无意识的母语迁移。前者是学习者为了达成一种语言目的,有意识进行的一种策略行为。而后者则是在学习者无意识或潜意识的状态下产生的。虽然这的确是两种不同性质的迁移,但是无论是在学习者的实际应用中,还是在实验中,区分这两种迁移都是比较困难的。

最后,还存在一种交际中的母语迁移(communication transfer)和学习中的母语迁移之分。前者认为迁移只是一种交际策略,如为了达到交际的目的而借用母语的某些形式。后者认为迁移是学习过程中的一种特征,是学习者建构其中介语假设系统的一种表现。王初明(1990)认为学习中的迁移与交际中的迁移不同之处在于:学习中的迁移不是在说话和理解话语时发生,而是早在这之前就发生了,已经在学习者的中介语里形成了某种规则。

因为本研究主要通过产出测试的结果来判断母语迁移的发生与类型,所以还必须提到一种针对产出过程中母语影响而提出的分类。依据 Kato (2011)中的论述,Færch 和 Kasper(1986)将产出中的母语迁移分为:"策略上的迁移(strategic transfer)""自动化的迁移(automatic transfer)"和"附属性的迁移(subsidiary transfer)"三类。

该研究认为"策略上的迁移"是学习者为了弥补能力或者知识上的欠缺所采取的一种办法。这一迁移可以细分为"借用(borrowing)""造语(foreignizing)""直译(literal translation)"三种。其中"借用"是指直接使用母语的词形或者读音的现象,未经过任何的加工处理。"造语"是指学习者将 L1 进行某些改造,例如发音、字形等,然后将其判断为 L2 的策略。"直译"则是指将 L2 等同于 L1 的翻译。这三者的区别在于,"借用"时,学习者并没有对母语进行解析,而"造语"与"直译"是母语与中间语的结合。

而"自动化的迁移"被认为是一种尚未意识化的迁移。因为在学习者大脑内部,处理母语的自动化程度是高于二语的。因此,当学习者注意力不足的时候,就会出现"自动化的迁移"。而"附属性的迁移"被认为是处在"策略性迁移"与"自动化迁移"之间的一种迁移。与以上两种迁移相比,"附属性的迁移"最为模糊。Kato(2011)认为,"附属化迁移"与"自动化迁移"的区别在于,"自动化的迁移"的发生包含某种规则,这种规则存在于显性知识中,只是比较难以表达和描述。而"附属性的迁移"并没有这种规则。

在分析不同日语水平学习者中日同形近义词的习得状况时,以上概念和分类都是非常重要的理论标尺,其表现将在 6.2 节结合测试结果具体讨论。

6.1.3.2　母语迁移与学习者日语水平的关系

中日同形近义词"词形上的近似""相对简单的发音规则"等特征使得母语词义、语法功能的迁移更加容易发生。但是随着学习者日语水平的提高，学习者会有意识地放弃策略性母语迁移的使用(Kato,2011)。

关于母语迁移与学习者日语水平的关系，涩谷(2001)提出：从习得阶段来说，存在比较容易受到母语影响的阶段和不容易受到母语影响的阶段。一般认为，母语迁移在中级学习者身上最容易发生。他列举了日语表示"可能"的形式「スルコトガデキル(surukotogadekiru)」的习得阶段，指出其实需要注意的是，当学习者还没有习得某一个目标语项目时，或者说对于产出该项目感觉到不安的时候，母语迁移特别容易产生。特别是例如会话这种具有时间限制的瞬时产出情况下。但是，他也提到，关于这一观点尚未有实证研究验证，

在中日同形近义词的相关习得研究中，学习者日语水平与母语迁移(特别是负迁移)发生的关系是讨论数据时最常见的内容。关于母语正迁移的实证研究虽少，但是，小森、玉冈(2010)提出了母语促进作用的发生需要一定的二语水平的论断。而更多研究聚焦母语的负迁移，认为这一现象更容易发生在日语水平较低的学习者身上。在6.1.3.1节明确了母语迁移的概念和分类之后，我们可以预测到学习者日语水平与母语发生迁移间的对应关系有可能会更为复杂。

6.1.4　问题与假设

本章主要解决学习者日语水平差异与产出结果的关系，并分析其中所反映出的学习者母语的影响、词汇知识的深度发展和学习者的习得轨迹。具体的研究问题与假设如下：

a. 日语水平较高的学习者在产出中日同形近义词时，其难易度(测试结果)在总体上是否与日语水平较低的学习者存在不同？如果是，会有何种不同？

假设：加藤(2005)提出中国母语学习者日语水平即使提高，仍然无法掌握部分中日同形近义词，也就是说中日同形近义词的产出难度有可能不会随着学习者日语水平的提高而降低。但是，从词汇习得的总的发展趋势来

看,日语水平较高的学习者的产出应该好于日语水平较低的学习者。

b. 对于不同日语水平的中国学习者来说,词汇因素对产出难易度造成的影响是否不同? 如果是,会有何种不同?

b1. 对于不同日语水平的学习者,共有义项、独有义项差异因素造成的影响是否不同? 如果是,会有什么不同?

假设 b1:无论学习者日语水平如何,独有义项的难易度都高于共有义项。对于日语水平较低的学习者来说,词汇学习尚处于词义的扩充阶段,更善于和需要利用母语知识来加快这一进程。因此,母语的正迁移会使日语水平较低的学习者在产出共有义项时,其测试结果与高水平学习者没有明显的差异。同时,因为日语水平较低的学习者缺乏词汇的深度知识,所以在产出独有义项时,日语水平较高的学习者的测试结果将好于日语水平较低的学习者。

b2. 对于不同日语水平的学习者,O1、O2、O3 类型差异产生的影响是否不同? 如果是,会有什么不同?

假设 b2:O1、O2、O3 难易度的排序不会因学习者日语水平变化而改变。无论是学习者日语水平高低,O1 的产出难易度均小于 O2、O3。但是丰富的二语知识将更有利于帮助学习者摆脱母语的干扰,所以,对于日语水平较高的学习者来说,O2、O3 与 O1 在难易度上的差距会小于日语水平较低的学习者。此外,单独就 O1、O2、O3 的产出来说,日语水平较高的学习者的产出结果都应该好于日语水平较低的学习者。

b3. 对于不同日语水平的学习者,词性差异因素产生的影响是否不同? 如果是,会有什么不同?

假设 b3:词义与词的语法功能是无法完全割离的,母语与目标语在词性上的差异会使得学习者在产出词义时遇到更大的障碍和困难。因此,无论学习者日语水平高低,产出词性不同的中日同形近义词的难度均高于词性相同的词。此外,无论词性是否相同,日语水平较高的学习者因为具备更丰富的词汇使用知识,所以其测试结果应该好于日语水平较低的学习者。

b4. 对于不同日语水平的学习者来说,词汇本身难度差异产生的影响是否不同? 如果是,会有什么不同?

假设 b4：无论学习者日语水平高低，产出词汇本身难度较高的高级 O 词时，其难度均高于产出词汇本身难度较低的初级 O 词。因为词汇知识的欠缺，日语水平较低的学习者在产出初级 O 词与高级 O 词表现出的难度差异可能更为明显。此外，无论是产出高级 O 词还是初级 O 词，日语水平较高的学习者因为具备更多的二语知识，其产出结果应好于日语水平较低的学习者。

6.2　学习者日语水平差异因素的影响

6.2.1　总体差异

统计测试结果发现，低水平组产出中日同形近义词的平均得分为 1.08，标准差为 0.12。高水平组平均分为 1.24，标准差为 0.15。单因素方差分析结果表明两者之前存在显著差异$[F(1,33)=10.70, p<.01]$。

表 6.1　低水平组、高水平组的平均分与标准差

类型	平均分	标准差
低水平组	1.08	0.12
高水平组	1.24	0.15

虽然高水平组平均分仍处于较低水平，但明显高于低水平组的平均分。"高水平组中日同形近义词的产出结果(习得状况)好于低水平组"的假设得到了验证。

通过进一步观察每一个测试词的产出结果发现，高水平组虽然总体平均得分高于低水平组，但是并非每个单词的产出都符合这一趋势。高水平组明显好于低水平组的中日同形近义词仅有「時間」「処分」「学生」「簡単」「深刻」「緊張」「一定」7 个词，占测试总词数的 35％(表 6.2)。加藤(2005)的研究中提到，中日同形近义词习得难易度较大，其中存在一些即使学习者日语水平很高，但是仍然没有办法正确习得的词。可以说，本实验的测试结果在一定程度上支持了该观点。

表 6.2　高水平组明显好于低水平组的中日同形近义词的平均值、标准差
以及单因素 ANOVA 测试结果(降序排列)

测试词	低水平组(16 人)		高水平组(19 人)		F 值	p 值
	平均值	标准差	平均值	标准差		
時間	1.67	0.27	1.90	0.19	8.12	.008
簡単	1.38	0.45	1.79	0.39	8.50	.006
处分	1.00	0.66	1.47	0.42	6.61	.015
紧张	0.92	0.53	1.32	0.41	6.18	.018
学生	0.73	0.35	1.40	0.58	17.35	.000
一定	0.69	0.36	1.04	0.46	6.21	.018
深刻	0.67	0.45	1.05	0.49	5.61	.024

　　随着学习者二语水平的提高,词汇知识更加丰富,因此高水平组 O 词
的产出结果好于低水平组的结果是符合假设的。但是仍有 13 个中日同形
近义词高水平组与低水平组没有呈现明显差异(表 6.3)。而且在这 13 个单
词中,「問題」「無理」「熱心」「大事」「解釈」5 个词高水平组的平均值反而略
低于低水平组的平均值(虽然并不存在显著差异)。

　　这一实验结果与加藤(2005)近似。加藤(2005)对 4 个 O1 词汇「得意」
「反対」「程度」「差別」的独有义项及 4 个 O2 词汇「問題」「了解」「関心」「地
方」的独有义项进行了测试。结果发现同时存在高水平组测试结果明显好
于低水平组的词——「得意」「差別」「了解」「関心」「地方」以及高水平组与低
水平组没有明显差异的词——「程度」「問題」「反対」。这些词中属于 O1 的
「反対」与属于 O2 的「問題」与本实验结果一致,但是,属于 O2 的「関心」一
词本次测试中并未看出高水平组与低水平组的明显差异。其原因可能在于
加藤(2005)只是对中日同形近义词的独有义项进行了测试。而本研究同时
涉及了共有义项和独有义项。

表6.3　低、高水平组不存在明显差异的中日同形近义词的
平均值与标准差(按照低水平组平均值降序排列)

测试词	低水平组(16人)		高水平组(19人)	
	平均值	标准差	平均值	标准差
习惯	1.84	0.44	1.95	0.23
問題	**1.83**	**0.22**	**1.61**	**0.41**
無理	**1.56**	**0.34**	**1.39**	**0.47**
普通	1.45	0.36	1.66	0.30
教室	1.40	0.37	1.42	0.33
反对	1.21	0.50	1.30	0.48
大事	**1.03**	**0.50**	**0.79**	**0.38**
愛情	0.97	0.39	1.05	0.41
熱心	**0.83**	**0.57**	**0.81**	**0.61**
意見	0.77	0.34	1.00	0.33
最近	0.72	0.41	0.82	0.48
解释	**0.66**	**0.30**	**0.42**	**0.42**
関心	0.31	0.48	0.53	0.51

说明:本表中用黑体字标注的词是高水平组的平均值略低于低水平组的词(不存在显著差异)。

6.2.2　与词汇因素的关系

词汇因素在不同日语水平学习者的产出结果上发挥的作用也呈现出了
差异性。

6.2.2.1　低水平组与高水平组共有义项与独有义项平均分的差异

低水平组与高水平组共有义项的平均值分别为1.497与1.540,独有义
项的平均值分别为0.748与1.038(表6.4)。

表 6.4　低、高水平组共有义项与独有义项的平均分与标准差

类型	低水平组		高水平组	
	平均分	标准差	平均分	标准差
共有义项	1.50	0.17	1.54	0.19
独有义项	0.75	0.18	1.04	0.19

　　为了检测两个因素是否共同影响词汇的难易度,笔者把共有义项独有义项差异作为主体内因子,学习者日语水平作为主体间因子,进行了 2×2 的具有对应关系因素的方差分析。结果表明,共有义项与独有义项的差异这一因素$[F(1,34)=211.840,p<.01]$和学习者日语水平因素$[F(1,34)=14.413,p<.01]$的主要效果都达到了统计学的显著水平。此外,两者存在交互作用$[F(1,34)=8.213,\ p<.01]$,表明这两个因素对产出结果存在共同的影响,且轨迹有交叉趋势(图 6.1)。

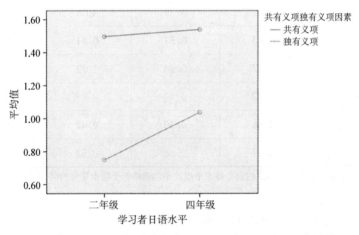

图 6.2　学习者日语水平因素与共有义项独有义项差异因素的关系

　　可以看出,在共有义项的情况下,低水平组与高水平组之间的差异较为平缓,平均值均较高。单因素方差分析结果表明,低水平组与高水平组之间不存在明显的差异$[F(1,33)=0.509,\text{n.s.}]$。而在独有义项条件下,虽然两者的平均值仍然处于较低的水平,但高水平组明显好于低水平组$[F(1,33)=21.556,p<.01]$。假设 b1 得到了验证。

　　假设中提出,依据 Jiang(2004)的观点,低水平组词汇的学习尚处于词义的扩充阶段,母语词义的促进影响表现得较为明显,因此即使尚未习得该词的共有义项,其产出结果也仍然较好,与高水平组没有明显差异。这与大井京、斋藤洋典(2009)的结论是一致的,而与小森(2010)的结论存在不同。

　　小森(2010)通过对日语水平较低的中国学习者 O1 的"共有义项提示后判断词汇是否存在"测试结果发现,共有义项的提示词在词汇判断的反应时间上没有显示出启动作用,在判断的正确率上也与无提示以及独有义项提示没有显著的差异,因此认为共有义项的词义(母语词义)对于日语水平较低的学习者来说,并没有起到促进的作用。而大井京、斋藤洋典(2009)通过"日语翻译提示后判断是否存在"测试发现,低水平学习者与高水平学习者没有显出差异,正确率都较高。本实验结果显示从产出结果来看,母语正迁移对于低水平学习者产出共有义项的促进作用是存在的。其结论与大井京、斋藤洋典(2009)一致,而与小森(2010)相悖的原因在于,词汇的认知处理虽然与产出结果相关,但只是产出过程中的一个组成部分。在词汇最终产出之前,学习者还存在一些认知心理活动,例如对显性知识的提取以及产出策略的运用等。母语对于低水平学习者的促进作用究竟发生在哪一层面还需要进一步的观察。

　　此外,在产出独有义项时,高水平组的产出状况明显好于低水平组。说明具有较高日语水平的学习者由于词汇知识较为丰富,能够最终有效地摆脱母语的干扰,这与认知处理测试的结果是一致的。但是,高水平组的测试结果仍在 1.0 分徘徊,可以看出,母语与目标语的在词义上的差异对于两个水平的学习者来说都具有相当的难度。

6.2.2.2　低水平组与高水平组 O1、O2、O3 的平均分的差异

低水平组与高水平组 O1、O2、O3 的平均分的差异见表 6.5。

表 6.5　低、高水平组 O1、O2、O3 的平均分与标准差

类型	低水平组		高水平组	
	平均值	标准差	平均值	标准差
O1	1.29	0.17	1.37	0.16
O2	0.92	0.21	1.13	0.23
O3	0.99	0.18	1.17	0.25

　　学习者日语水平因素与中日同形近义词类型差异因素的方差分析的结

果表明:学习者日语水平因素[$F(2,33)=11.68,p<.01$]与中日同形近义词类型差异因素[$F(2,33)=27.09,p<.01$]的主要效果都达到统计学的显著水平。但是,两因素之间的交互作用并未达到统计学显著水平[$F(2,33)=1.06,\text{n.s}$]。这表明,学习者因素与O1、O2、O3 类型差异因素同时影响产出难易度,但两者并没有呈现明显的交叉趋势(图 6.3)。

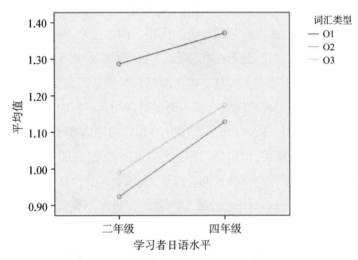

图 6.3　学习者日语水平差异因素与O1、O2、O3 类型因素之间的关系

可以看出,无论是低水平组还是高水平组,O1 的平均值都高于 O3,O3 又高于 O2。三者的差异比较近似。特别是 O2 和 O3,两条曲线几乎平行。虽然学习者因素与词汇类型因素在统计上没有交互作用,但是,仍然可以看出,O2、O3 的倾斜程度较 O1 来说略微明显一些。说明学习者日语水平差异对于 O1 的影响略小于 O2、O3。

因此,关于不同日语水平学习者产出 O1、O2、O3 难度影响的假设 b2 也得到了验证。无论学习者日语水平如何,O1、O2、O3 的难度排序不受影响。并且无论 O1、O2 还是 O3 日语水平较高的学习者其产出结果好于日语水平较低的学习者。

6.2.2.3　低水平组与高水平组词性相同、词性不同的 O 词的平均分差异

低水平组与高水平组的词性相同的中日同形近义词的平均分分别为 1.10 与 1.29。词性不同的中日同形近义词平均分分别为 1.06 与 1.18(表 6.6)。

表 6.6　低、高水平组词性相同与词性不同的中日同形词的平均分与标准差

类型	低水平组		高水平组	
	平均分	标准差	平均分	标准差
词性相同	1.10	0.13	1.29	0.16
词性不同	1.06	0.15	1.18	0.17

　　通过学习者日语水平因素与词性差异因素的方差分析发现,无论是学习者日语水平因素$[F(1,34)＝10.70,p<.01]$还是词性差异因素$[F(1,34)＝12.19,p<.01]$的主要效果都具有统计学的显著意义。但是两因素间的交叉作用并没有显著意义$[F(2,70)＝3.01,p＝0.092,\ n.s.]$。说明学习者水平因素与词性差异因素共同影响产出结果,但并不存在交叉趋势(图 6.4)。

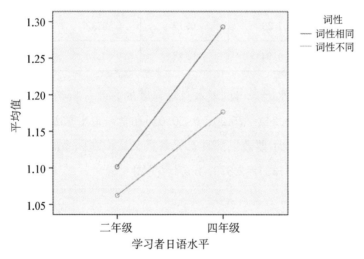

图 6.4　学习者日语水平与词性差异因素之间的关系

　　可以看出,无论母语与目标语的词性是否存在差异,高水平组测试的结果都好于低水平组测试的结果。虽然在统计上,词性因素与学习者水平因素的交互作用并没有达到显著差异水平,但是可以看出,高水平组与低水平组的差异在词性相同的中日同形近义词的产出中表现更为明显,词性不同的中日同形近义词的产出对于高、低两组学习者来说都显得更为困难。

　　因此,日语水平因素与词性差异因素关系的假设 b3 也得到了验证。无论学习者日语水平高低,在产出词性不同的中日同形近义词时,难易度均高

于词性相同的中日同形近义词。此外,因为高水平学习者具备更丰富的词汇知识,所以无论词性是否存在差异,高水平组的产出都明显好于低水平组的产出。

6.2.2.4　低水平组与高水平组初级词汇与中高级词汇平均分的差异

低水平组与高水平组属于初级词汇的中日同形词的平均分分别为1.23 与 1.33。中高级词汇的中日同形近义词的平均分分别是 0.94 与 1.14。详见表 6.7。

表 6.7　低、高水平组初级词汇、中高级词汇的平均分与标准偏差

	低水平组		高水平组	
	平均值	标准差	平均值	标准差
初级词汇	1.23	0.13	1.33	0.15
中高级词汇	0.94	0.18	1.14	0.18

经过学习者水平因素与词汇本身难易度的方差分析结果表明:词汇本身难易度因素[$F(1,34)=75.20$, $p<0.01$]和学习者水平因素[$F(1,34)=10.70$, $p<0.01$]的主要效果都具有显著意义。但两因素间的交互作用并没有显著意义[$F(1,33)=2.679$, n.s.]。见图 6.5。

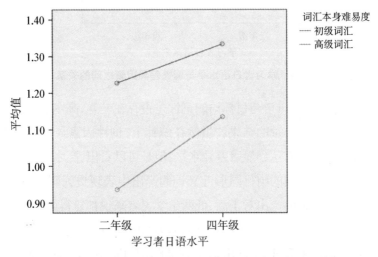

图 6.5　学习者日语水平因素与词汇本身难易度因素之间的关系

该结果表明,无论学习者日语水平高低,初级词汇和高级词汇的难易度差异趋于相同。虽然,词汇本身难易度因素与学习者因素在统计上不存在交互作用,但是,由图6.4可以看出,低水平组、高水平组在中高级词汇上体现出的差异较初级词汇更为明显一些。由于词汇知识的欠缺,低水平组产出属于中高级词汇的中日同形近义词显得相当困难。

因此,问题三中关于学习者日语水平与词汇本身难易度因素关系的假设b4也得到了验证。无论是初级词汇还是中高级词汇,高水平组的产出结果均好于低水平组。无论学习者日语水平高低,中高级词汇的产出都难于初级词汇。

6.2.2.5　讨论

在以上的验证过程中,除了O词的共有义项高水平组和低水平组测试结果均较好、不存在明显差异之外,高水平组的产出结果均明显好于低水平组。因此从总体趋势上看,除了共有义项因素之外,学习者一旦具备较高的日语水平就会降低各个因素影响下的中日同形近义词的产出难度。

但是,当把词汇因素综合到一起以后,笔者也观察到了一些特例。

为了观察的方便,笔者按照高水平组、低水平组的平均得分把中日同形近义词分为:高、低水平组没有明显差异产出状况较好的词类(平均值在1.5分以上);产出状况未达到良好(平均分在1.5分以下),但高水平组得分明显高于低水平组的词类;产出状况未达到良好,高水平组与低水平组没有明显差异的词类。其中第二种分类"产出状况未达到良好,但高水平组得分明显高于低水平组的词类"与假设相符,在此不予以讨论。以下主要讨论在第一、三种分类中出现的特例。

特例1　通过观察高、低水平组产出状况较好的词类发现,有一些词的共有义项,如属于初级词汇和词性相同的O1的共有义项、初级词汇词性不同的O2的共有义项、初级词汇词性相同的O3的共有义项以及中高级词汇中词汇不同的O1的共有义项,高水平组的平均分反而略低于低水平组。这一现象的原因是什么? 是否属于Kellerman(1985),R.Ellis(1994)探讨学习者中间语发展时提到的U型现象呢?

表 6.8　低、高水平组产出状况均较好的词(义项)的特征

义项因素	难度因素	类型因素	词性	低水平组		高水平组	
				平均值	标准差	平均值	标准差
共有义项	初级词汇	O1	同	1.99	0.42	1.97	0.09
		O2	异	1.78	0.48	1.63	0.60
			同	1.63	0.47	1.76	0.39
		O3	同	1.75	0.45	1.61	0.72
			异	1.75	0.45	1.79	0.42
	中高级词汇	O1	异	1.84	0.35	1.82	0.30
			同	1.47	0.53	1.63	0.60
独有义项	初级词汇	O3	同	1.78	0.41	1.61	0.49

通过观察发现,在产出状况较好的共有义项中,高水平组的产出不如低水平组的原因主要在于高水平组学习者心理辞书中的词汇更加复杂,在表达一个概念时,往往可能激活更多个词汇。例如,表 6.9 中初级词汇、词性相同的 O1「時間」一词的共有义项;初级词汇、词性不同的 O2「熱心」一词的共有义项;以及初级词汇、词性不同的 O3「問題」一词的共有义项;中高级词汇的词性相同的 O1「愛情」一词的共有义项;中高级词汇词性不同的 O1「無理」一词的共有义项。可以发现,高水平组学习者所产出的词汇区别词汇(type)均比低水平组多。

表 6.9　「時間」「問題」「熱心」「愛情」「無理」
共有义项高水平组与低水平组的具体产出

	汉语提示	低水平组			高水平组		
		平均值	标准差	具体产出	平均值	标准差	具体产出
時間	自习时间	1.94	0.25	時間 タイム	1.84	0.50	時間　タイム アワー
	吃饭时间	2	0	時間	1.95	0.23	時間　時刻

续表

汉语提示		低水平组			高水平组		
		平均值	标准差	具体产出	平均值	标准差	具体产出
熱心	热心工作	1.62	0.81	熱心 精一杯 積極的 一生懸命	1.37	0.96	熱心　熱心的 真面目　全力的 一生懸命 しっかり やる気満々
問題	教育问题	1.94	0.25	問題 分野 についての問題	1.58	0.84	問題　の話 事業　事情 のこと
	（某件事）不是问题	1.81	0.54	問題 困難 大した こと	1.63	0.76	問題　困難 難問 困ること
愛情	夫妻间的爱情	1.69	0.60	愛情　愛 心遣い	1.58	0.69	愛情　愛　恋
無理	无理的要求	1.94	0.25	無理 無理的 わがまま	1.63	0.60	無理 無理やり わがままな 通じない 不当な

　　另外，"避免使用母语"这一策略在高水平组学习者的产出上表现得更为突出。高水平组"避免"行为的产生主要有两个原因。一是因为在非限时测试时，笔者特别强调希望受试者写出认为最能够表达句子意思的、最为合适的词。因此，学习者为了达成这一目标，有时故意放弃了看似比较容易的共有义项的产出，转而追求其他表达方式。二是高水平组使用"和语词"的策略。通过测试后访谈表明，部分高水平学习者已经形成了照搬汉语词容易出错的意识，因此，在拿不准的时候往往用"和语词"代替汉语词。

　　同时，新单词、新规则的"试错"行为在高水平组身上表现得更为明显。

如产出「無理」共有义项时,2 名高水平组受试者产出了「無理」之后学习到的「無理やり」这一新词。因为尚未掌握「無理やり」与「無理」差异的知识,所以产出错误。此外,如「自習時間」这样的表达,均有一名低水平组和高水平组受试者选择了「タイム」(外来语 time 而来)一词,此外还有一名高水平组受试者产出了「アワー」(外来语 hour 而来)一词。学习者认为日语中"外来语"有逐渐增多的趋势,因此在产出时应用了新规则,但是日语中是没有这样的表达方式的。

以上现象说明高年级学习者对待中日同形近义词这类容易出错的词汇已经形成了自己的策略。后续研究可对这些策略进行进一步追踪整理。

因此,如果仅从量化数据来评价学习者的产出,看似高水平组出现了退步现象,但是从质化分析来看,这一退步是因为随着学习者中间语体系不断完善、可应用的规则(策略)多元化造成的。这些知识对学习者产生了新的干扰。在学习者尚未完全掌握可以表达同一概念的各个近义词之间的差异或者尚未掌握新策略的使用范围时,就会减弱中日同形近义词的共有义项中母语的正迁移作用。

特例 2　在高、低水平组没有明显差异并且产出较好的词类中有一类词的独有义项也在其中。那就是初级词汇词性相同的 O3(「問題」)一词的独有义项,该词高水平组的平均得分也略低于低水平组。

通过观察其具体产出发现,这是因为该词本身难易度较低,所以高水平组在产出其汉语独有义项时,反而放松了警惕,没能遏制母语词义的阻碍影响。表 6.10 可以看出「問題」一词的日语独有义项,高水平组的平均值明显低于低水平组。

表 6.10　低、高水平组产出「問題」一词日语独有义项的情况

低水平组			高水平组		
平均值	标准差	具体产出	平均值	标准差	具体产出
1.87	0.50	質問　疑問	1.37	0.96	質問　問題　疑問

「問題」一词有汉语的独有义项,例如「举手回答老师的问题」的用法,这在日语中是用另外一个词「質問」来表达的。测试中的提示句为:"想提问题的同学请举手。不用拘束。"这样的句子容易发生汉语语义

的迁移,对于学习者具有一定难度。但是根据访谈的结果,由于"问题"该词教师在课堂上强调其用法与汉语不同,所以 15 名(93.8%)低水平组受试都产出了「質問」一词,避开了母语词义的影响。反而高水平组只有 13 名(68.4%)受试者产出了「質問」,4 人(21.1%)直接产出了「問題」,2 人(10.5%)产出了「疑問」,高水平组反而出现了倒退现象。

究其原因有二。其一,高水平组出于对初级词汇的忽视,一时疏忽,没有避免母语词义产出了「問題」一词,依据 Færch 和 Kasper(1986a,1987,1989)的划分,这一现象应该属于母语"自动化的迁移"。当学习者对该词的使用充满自信时,却忘记了陷阱的存在。其二,高年级学习者仍然缺乏「問題」一词与母语差异的知识,或者说这一知识尚未自动化,因此当注意力不足时,不可避免地产出了「問題」一词。

特例 3　在产出结果中,有一批高水平组与低水平组没有明显差异且产出状况未达到良好的词。这些词又可以分为两类。1、低水平组与高水平组的总平均值在 1.0～1.5 之间,且经过单因素方差检验,两组之间不再存在统计学上的显著差异的词类。2、低水平组与高水平组的总平均值低于 1.0,且经过单因素方差检验,两组之间不存在统计学上的显著差异的词类。

1、高、低水平组不存在明显差异,产出平均值在 1.0～1.5 之间的词类包含属于初级词汇词性不同的 O1 的共有义项、属于中高级词汇的词性相同的 O2、O3 的共有义项、属于初级词汇的词性不同的 O2 的独有义项以及属于中高级词汇词性不同的 O1 的独有义项(表 6.11)。下面将一一分析这些词高水平组与低水平组不存在明显差异的原因。

属于初级词汇词性不同的 O1 的共有义项出现在此列,是因该类词中「大事」一词的共有义项对于学习者来说较难(具体原因已在 4.2.1.2 节中论述)。通过表 6.11 的数据看来,高水平组的平均分为 0.97 还略低于低水平组 1.17,说明高水平组「大事」="重要的"这一概念链接比起低水平组更加牢固。

表 6.11　低、高水平组受试无明显差异、高水平组平均值仍在 1.0～1.5 之间的词类特征

义项因素	难度因素	类型因素	词性	低水平组		高水平组	
				平均值	标准差	平均值	标准差
共有义项	初级	O1	异	1.17	0.62	0.97	0.41
	中高级	O2	同	1.47	0.53	1.29	0.30
		O3		0.75	1.00	1.16	1.02
独有义项	初级	O2	异	1.10	0.55	1.26	0.42
	中高级	O1		1.16	0.36	1.11	0.44

　　属于中高级词汇词性相同的 O2(「簡単」「解釈」)、O3(「深刻」)的共有义项出现在此列是因为无论是低水平组还是高水平组,在产出中高级词汇共有义项时,利用母语的词义产出的这一策略的使用频率并不高。例如,「解釈」一词共有义项的产出。面对"把失火的原因解释为空气太干燥了"这一提示句,低水平组只有 3 名(18.8%)同学产出了「解釈」,而 12 名(75%)同学产出了「説明」一词。高水平组也只有 2 名(10.5%)同学产出了「解釈」的这一用法,除了「説明」之外,高水平组还产出了「発表」「想定」「言われた」「指摘」「帰する」「解説」「判断」「纏める」等多个词。

　　另外,属于初级词汇词性不同的 O2(「熱心」「習慣」)的独有义项与中高级词汇词性不同的 O1 独有义项(「無理」「反対」)也在此列。通过观察发现,低水平组产出「熱心」的两个汉语独有义项的平均值为 0.50 与 0.38,与高水平组 0.42 与 0.63 的平均值一样都低于 1.0,是同类别的「習慣」一词的平均值平衡了这类词的总平均分。而关于「無理」「反対」的独有义项,因为是 O1 词汇,其独有义项的难度并不高。所以低水平组的产出状况并不是很差。但是因为是中高级词汇,所以高年级组也仍无法完全掌握。

　　2、低水平组与高水平组的平均值低于 1.0,且经过单因素方差检验,两组之间不存在统计学上的显著差异的词类有:初级词汇词性不同的 O3「意见」的独有义项、中高级词汇词性不同的 O2(「関心」「緊張」)以及 O3「一定」的独有义项(表 6.12)。独有义项,属于 O2、O3 词汇,词性存在差异,当这些因素聚集到一起后,无论学习者日语水平高低,都很难摆脱母语负迁移的干扰。这些词类被认为是产出难易度最大、最值得学习者注意的一类词。

表 6.12　低、高水平组无显著差异,高水平组平均值仍在 1.0 以下的词类特征

义项因素	难度因素	类型因素	词性	低水平组		高水平组	
				平均值	标准差	平均值	标准差
独有义项	初级词汇	O3	异	0.28	0.45	0.61	0.52
	中高级词	O2		0.37	0.49	0.55	0.28
		O3		0.88	0.34	0.98	0.26

　　除此之外,通过观察学习者具体产出的词汇,笔者还发现了日语水平较低的学习者在词汇深度知识、词汇产出策略上与日语水平较高的学习者相比也存在一定的差异。

　　最明显的表现在于当难以表达 O1 的日语独有义项的时候,低水平组更善于借用其他语言的策略(照搬母语的词义或者英语的词义)来产出自己未知的词汇,即使试图寻找已知日语词汇中的近义词也正确率不高。但是高水平组由于掌握的一定的二语词汇,多在自己已知的词汇中寻找多义词,结果较好。

　　例如,在产出初级词汇、词性相同的 O1「教室」的独有义项时。日语「教室」有汉语"(烹饪、英语)培训班"的意思。测试中的提示句为"我曾经上过围棋培训班"。低水平组有 9 人(56.2%)正确产出了「教室」这一义项。高水平组这一义项的产出状况更好,有 12 人(63.2%)产出了该词(表 6.13)。

表 6.13　低、高水平组「教室」一词的"培训班"义项的产出状况

低水平组			高水平组		
平均值	标准差	具体产出	平均值	标准差	具体产出
1.38	0.81	教室 クラス コース トレーニングクラス	1.26	0.99	教室　　塾 コース

　　在表达"培训班"这一词义遇到困难时,低水平组更善于使用外来语。如,クラス(class)、コース(course)、トレーニングクラス(training class)。这从一定程度说明低水平组更容易受到第二外语(英语)的影响。由于初级学习者掌握的日语词汇知识较少,很难从已知的日语词汇中找到合适的日

语近义词来表达。所以当他们了解日语中经常把英语作为外来语来使用的
规则之后,就把它变成了一种产出的策略。而高水平组说虽然也有 1 位学
习者产出了コース(course),但是更多同学联想到的是表示"课外培训班"
的「塾」这一日语词汇词。

又例如,在产出属于初级词汇词性不同的 O1「普通」一词的日语独有义
项时高水平组与低水平组的产出结果差异明显。该义项作为副词,表示"一
般来说,通常"的用法。这在汉语中是没有的。本测试中的提示句为"通常
没有这种可能性"。虽然该词是初级词汇,但低水平组掌握的情况并不好,
正确产出的只有 3 人(18.8%)。随着日语水平的提高,这一用法才逐渐被
习得,高水平组正确产出该义项的有 14 人(73.7%)(表 6.14)。

表 6.14　低、高水平组「普通」一词日语独有义项的产出状况

低水平组			高水平组		
平均值	标准差	具体产出	平均值	标准差	具体产出
1.06	0.55	普通　通常　普段　常に　平日	1.74	0.45	普通　普段　通常　一般　一般的

除了 3 名低水平组学习者产出「普通」之外,有 8 名(50%)学习者使用
了照搬母语的策略,产出了提示句中的「通常」一词。此外,与「普通」表示相
近词义的「普段」(2 人,12.5%)「常に」(1 人,6.25%)「平日」(1 人,6.25%)
等词也被产出,但是都是错误的。相比之下,高水平组受试除了产出「普通」
的人较多之外,只有一人照搬母语策略,产出了提示句中的「通常」一词,此
外,产出与「普通」表示相近词义的「一般のに」「一般」等词,这些词在日语中
也是合理的。因此可以看出,低水平组在表达概念上,学习者不仅更善于迁
移母语词义,而且在使用近义词时的正确率也远低与高水平组。

关于学习者二语水平与词性差异因素的关系,笔者通过具体观察学习
者的产出也有一些发现。中高级词汇词性不同的 O2 的共有义项低水平组
与高水平组的差异在统计学上不具有显著意义,但是在具体产出上两组是
存在一定差异的(表6.15)。特别是「関心」一词。日语的「関心」虽然与汉语
一样都可以表示对事物抱有一定的好奇心与兴趣,如"关心国家大事,关心
天气变化",但是在词性上两个词是有区别的。低水平组选择「関心」一词的

有 14 人(87.5%)。但是错误使用了该词词性产出「関心する」的为 9 人(56.3%)。正确产出「関心をもつ」的学习者仅为 4 人(25%)。习得该词的用法对于低水平组来说还是具有一定困难的。高水平组面对这一提示,仍有 6 人产出「関心する」。但是,正确产出「関心を持つ」「関心を寄せる」的有 10 人(53.6%),远多于低水平组。由此可见共有义项在词性上的差异是有可能随着学习者日语水平的提高而逐渐习得的。

此外,从「緊張」一词共有义项的产出结果中也能看出此趋势。在低水平组的产出中,虽然 16 人都选择了「緊張」一词,但是其中的 7 人(43.8%)用错了该词的词性面,高水平组词性出错的仅有 3 人(15.8%)。

表 6.15　低、高水平组「関心」「緊張」的日语独有义项的产出状况

低水平组			高水平组		
平均值	标准差	具体产出	平均值	标准差	具体产出
0.50	0.89	熱心だ 関心する 関心を持つ 関心をかける 気にする	1.05	1.03	関心する 関心を寄せる 関心を持つ 注意を払う 気になる 注目する
1.87	0.50	緊張する 緊張だ 緊張になる	1.95	0.23	緊張する 緊張だ どきどきする

6.3　小结

本章主要讨论了不同日语水平的学习者产出不同类型的中日同形近义词时表现出的异同。

总体来说,产出中日同形近义词共有义项时,学习者水平不同并没有出现明显的差异。但是在产出独有义项时,在产出 O1、O2、O3 三类中日同形近义词时,以及词性不同于词性相同两类中日同形词时,日语水平较高的学习者产出状况明显好于低水平者。

通过观察各小类的中日同形近义词的产出发现,在词汇四类因素的影响下,不同类的中日同形近义词的发展状态又各有区别。有些词类出现了

低水平组与高水平组产出结果都较好的现象,其中某些词低水平组的产出平均分还略高于高水平组。这类词的特征多为初级词汇的共有义项或者是学习者比较熟悉的初级词汇的独有义项,学习者在早期已经基本习得这类词,所以产出状况良好。

有些词类在刚开始使用的时候容易出错,但是到了高年级却可以掌握得很好,例如属于初级词汇 O1 的独有义项;而有的虽然产出状况逐渐变好,但是还是无法最终习得,如属于中高级词汇词性不同的 O3(「一定」)的共有义项以及属于中高级词汇 O1、O2、O3 的独有义项。

有些词类低水平组、高水平组的产出状况均较差,如中高级词汇 O1 日语的独有义项,因为学习者将母语词义与目标语词义进行单一的链接,缺乏词汇的深度知识,所以即使学习者日语水平较高,也仍然无法正确产出。此外,使用频率较低、学习者不熟悉的属于中高级词汇的 O2、O3 的汉语独有义项因为很容易发生母语词义的负迁移,所以无论学习者水平高低,都很难正确产出。

还有,从学习者的具体产出中可以发现,日语水平较低的学习者往往更大胆地使用"母语迁移"的策略,而日语水平较高的学习者则更为喜好使用"同义词"策略避免母语造成的干扰与影响。此外,日语水平较高的学习者词性掌握的情况也好于低水平学习者。

第七章 不同测试条件下中日同形近义词的习得状况

本研究设计了两种测试条件——存在时间限制的限时测试以及不存在时间限制的非限时测试。在这两种测试条件的制约下,会出现两种性质不同的语言知识对结果产生作用,即隐性知识与显性知识。

7.1 测试类型差异假设

本节将首先梳理隐性知识、显性知识的差异,然后讨论在这一差异的作用下限时测试与非限时测试的结果对于把握学习者习得状态的意义。

7.1.1 隐性知识与显性知识的差异

隐性知识(implicit knowledge)与显性知识(explicit knowledge)的探讨最早出现在以 20 世纪 60 年代美国心理学家 Reber 为代表的认知心理学研究中,后来在 20 世纪 80 年代应用到了二语习得领域(R.Ellis,2009)。目前二语习得领域内的探讨主要是围绕学习者语法习得的难易而展开的(见R.Ellis,2004、2005、2009),对其差异的描述呈现出二元对立的形式。例如,隐性知识是程序性的而显性知识是陈述性的(procedural-declarative);隐性知识是无意识的而显性知识是有意识的(unconscious-conscious);隐性知识是不可表达的而显性知识是可表达的(nonverbalizable-verbalizable);隐性知识是自动化控制的而显性知识是意志化控制(automatic-voluntary control)等。

R.Ellis(2005)提出了在隐性知识与显性知识的不同作用下,语法结构的习得难度存在差异的观点。他认为,影响语法结构作为隐性知识习得的

主要因素有五类。第一,频率,如在输入中出现的频率如何? 第二,突出性
(Saliency),如在输入中是否容易被关注? 第三,功能(Functional value),
如该语法是否具有明确清晰的功用? 第四,规律性(Regularity),该语法是
符合某种易于识别的模式? 第五,可加工性(Processability),这个语法规则
是否容易被加工。而影响语法结构作为显性知识习得的主要因素有两点。
第一,概念清晰度(conceptual clarity),包括其形式功能是否简单、是否具有
清晰的规则以及这些规则是否具有典型性。第二,元语言(metalanguage),
也就是用于分析语法结构所需的语言的复杂度。据此,其研究分别设计了
隐性、显性知识测试考察了 17 个语法项目的难易度。结果表明,动词补语、
是非疑问句、情态动词、作格动词这四个语法项目的隐性、显性知识几乎没
有差异,而其他测试项目均存在较为明显的差异。其中不定冠词、疑问句尾
用法在显性知识测试中与其他项目相比难度较低,但在隐性知识测试中难
度却较高。因此验证了"很显然在检测学习的难易度时应该按照知识的类
型分开测试[①]"的观点。

现有词汇习得研究对于隐性知识、显性知识的探讨多集中在词汇的附
带(隐性)习得与有意识(显性)学习的差异上,较少用于区别和讨论词汇知
识的存在方式,也并未用来区分和衡量词汇的习得程度。那么,词汇习得是
否存在显性知识、隐性知识差异的影响呢?

事实上,Nation(2004)在回答怎样才能测试到学习者实际使用单词的
能力时,指出目前大多数词汇测试都是对学习者有意识的、有意图的测试,
测到的其实是学习者的可描述性知识,也就是显性知识。但最终人们感兴
趣的应该是学习者的程序性知识,也就是隐性知识,这个才可以称作是学习
者真正习得的知识。遗憾的是,这一著作提出了词汇测试时区分显性知识
与隐性知识的重要性,强调了学习者实际使用单词时隐性知识的存在,却没
有能讨论如何在测试中区别显性与隐性知识。

因此,现阶段我们只能借用认知心理学与基于语法讨论的二语习得研
究对隐性知识与显性知识的界定,来尝试测定学习者中日同形近义词的知

---

① 引自 R.Eliis(2005)第 432 页。原文为...it seems obvious that learning difficulty
needs to be examined separately in relation to each type of knowledge.

识所存在的状态是隐性的还是显性的。

7.1.2　限时测试与非限时测试在结果上的差异

在测试时间上是否进行控制是在测试中区分隐性知识与显性知识的重要条件之一。R.Ellis(2005)的实验采用模仿测试和具有时间限制的语法判断正误测试来观察隐性知识,并采用无时间限制的语法判断正误测试和可描述性知识测试来观察显性知识,进而发现了两者的差异。

语言产出时测试时间的限制对测试结果的影响也得到了证实。R.Ellis(2005)在阐述如何判断隐性知识与显性知识的 7 个概念性特质时指出,学习者面对不同的任务,在不同的状况下所使用的语言知识是不同的。该部分引用了 Yuan 和 Ellis(2003)的研究,表明当中级学习者有足够的时间去组织产出时,他们的演讲变得正确率更高,因为学习者有能力去提取更多的显性知识。但是当学习者要求快速完成同样的任务时,他们的正确率就下降了,因为他们只能依赖自己的隐性知识。

小林(2001)中提到一位葡萄牙初级日语学习者在具有时间限制的会话测试中没有正确产出的项目,却成功地在笔试测试中产出了。由此指出不同的学习者在不同测试课题中的结果是不同的,不能草率地认为学习者错误的原因就是缺乏该项目的知识、正确产出了就是习得了该项知识。

小林(2001)中提到了由于处理时间短而造成的错误。在处理信息时,因为存在"自动化处理"(英语称为"automatic processing",日语称为「自動的処理」)和"控制性处理"(英语称为"controlled processing",日语称为「統制的処理」)两种处理模式,而控制性处理所需要的时间远远多于自动化处理的时间,所以,当尚未达到自动化处理还需要控制性处理时,往往因为时间的紧迫而产生错误。因此会话中的错误可以分为:其一,对测试项目存在一定的知识,但是因为未达成自动处理而产生的错误;其二,缺乏正确的知识所产生的错误。

因此,在观察学习者语言产出时通过控制测试时间区分测试条件是必要的。这一区分可以更好地观察学习者词汇知识的存在状态,把握其习得程度的差异。另外,在观察学习者的错误时,还可以通过两种测试结果的差异推测错误的产生,是源于词汇显性知识的缺乏,还是源于显性知识没有达到自动化处理程度、未成为隐性知识。

7.1.3　问题与假设

本章主要围绕测试条件因素展开,限时测试与非限时测试的差异在本研究中称为测试类型因素。具体的研究问题与假设如下:

a. 总体来看限时测试条件下的学习者的产出结果是否与非限时测试不同? 如果是,会有何种不同?

假设 a:测试条件影响中日同形近义词的产出难易度。根据 R. Ellis (2005)、小林(2001)等研究结果,学习者在非限时测试中有足够的时间去提取更多的显性知识,非限时测试的结果应该好于限时测试。

b. 在限时测试条件下,各类词汇特征引发的中日同形近义词的产出难易度的差异是否与在非限时测试条件下相同? 如果不同,会有怎样的不同? 是否受到学习者日语水平的影响? 如果是,会有怎样的影响?

假设 b2:在限时测试条件下,中日同形近义词的独有义项,属于 O2、O3 的词,词性不同的词,中高级词汇,这些在非限时测试下产出难度较高的类别,因为时间的限制,产出状况会更差。

日语水平较高的学习者比水平较低的学习者具备更多的词汇知识,因此限时测试条件下不同水平的日语学习者产出各类中日同形近义词(或义项)的结果应与非限时测试条件下不同。如果高水平学习者与低水平学习者在中日同形近义词的显性知识上存在明显的差异的话,非限时测试条件下两者的产出结果的差异应该更大。如果在隐性知识上存在明显的差异的话,那么限时测试条件下两者的差异更大。

7.2　限时测试与非限时测试的差异

7.2.1　总体差异

通过对限时测试平均分与非限时测试平均分的配对样本 T 检验结果表明,非限时测试的平均得分明显好于限时测试[$t(35) = -3.47$, $p < 0.01$](表 7.1)。

表 7.1　限时测试与非限时测试的平均值、标准差及 T 检验结果

测试类型	平均值	标准差	t 值	p 值.
限时测试	1.09	0.11	−3.47	.001
非限时测试	1.17	0.16		

由此,不同测试条件下中日同形近义词难易度不同,非限时测试的结果好于限时测试的假设 a 得到了验证。

非限时产出测试的结果好于限时测试说明了总体来看学习者关于中日同形近义词的部分知识未达到自动化。Segalowitz(2003)认为二语习得是一种复杂技能的习得。随着技能水平的提高,注意力和努力程度就会减少,对外部干扰的抵抗力就会增强。在语言这门技能的掌握过程中,一定存在从非自动到自动化的变化。一旦实现自动化,语言运用会更有效率、更快、更精确、更稳定。

在非限时测试条件下,学习者有充分的思考时间,可以调动大脑中的所有知识(特别是显性知识)来完成产出,而在限时测试条件下,学习者需要依赖已经习得的、自动化水平较高的词汇知识。因此限时测试的中日同形近义词的难易度高于非限时测试。

为了进一步观察限时测试与非限时测试结果总体上的差异,笔者将非限时测试与限时测试中使用的测试词的平均值进行了配对样本 T 检验。然后依据平均值的差异类别以及差异的显著性将中日同形近义词分为三类。

第一类,非限时测试结果明显好于限时结果的单词:「教室」「处分」「学生」「愛情」「一定」「関心」(表 7.2)。这些单词在非限时测试的平均分均在 1.5 分以下,在限时测试条件下的结果更差一些。

表 7.2　非限时测试结果明显好于限时测试的单词

(按照限时测试平均值降序排列)

测试词	限时测试		非限时测试		t 值	p 值
	平均值	标准差	平均值	标准差		
教室	1.11	0.34	1.41	0.34	−5.35	.000
处分	0.91	0.52	1.26	0.59	−3.17	.000

测试词	限时测试		非限时测试		t 值	p 值
	平均值	标准差	平均值	标准差		
学生	0.84	0.41	1.10	0.58	−3.55	.000
爱情	0.60	0.60	1.01	0.39	−4.08	.000
一定	0.49	0.35	0.88	0.45	−4.31	.000
関心	0.14	0.36	0.43	0.50	−3.26	.003

　　第二类,非限时测试的结果虽然好于限时测试,但是统计学上并没有呈现明显差异的单词:「習慣」「問題」「簡単」「無理」「緊張」「意見」「熱心」(表7.3)。其中,有一些词如「習慣」「問題」「簡単」的平均得分在两组测试中都很高,说明学习者掌握的情况较好。而「無理」「緊張」「意見」「熱心」的平均得分在两组测试中都较低,说明学习者关于这些词的显性、隐性知识都较为缺乏。

表7.3　非限时测试结果与限时测试差异不明显中日同形近义词
(按照限时测试平均值降序排列)

测试词	限时测试		非限时测试	
	平均值	标准差	平均值	标准差
習慣	1.81	0.46	1.90	0.34
問題	1.60	0.38	1.71	0.35
簡単	1.54	0.45	1.60	0.46
無理	1.32	0.57	1.47	0.42
緊張	0.94	0.41	1.14	0.50
意見	0.84	0.34	0.90	0.35
熱心	0.74	0.35	0.82	0.58

　　第三类,限时测试结果反而好于非限时测试的词:「時間」「普通」「反対」「大事」「深刻」「最近」「解釈」。其中「時間」「最近」达到了显著性水平。这一现象的产生与各个词汇因素的影响有关,将在接下来的章节中详细讨论。

表 7.4　限时测试结果反而好于非限时测试结果的 O 词
（按照限时测试平均值降序排列）

测试词	限时测试		非限时测试		*t* 值	*p* 值
	平均值	标准差	平均值	标准差		
時間	1.99	0.09	1.79	0.25	4.10	.000
普通	1.69	0.27	1.56	0.34	1.60	n.s.
反対	1.44	0.48	1.26	0.48	2.20	n.s.
大事	1.10	0.60	0.90	0.45	1.69	n.s.
深刻	1.04	0.37	0.88	0.37	1.90	n.s.
最近	1.00	0.21	0.77	0.44	3.47	.001
解釈	0.59	0.64	0.53	0.38	0.41	n.s.

7.2.2　测试条件因素与词汇因素、学习者日语水平因素的关系

本节将分别验证在限时测试条件下，母语与目标语差异因素、词汇本身难易度差异因素与学习者日语水平差异因素的相互影响是否与非限时测试条件下的结论相同。

7.2.2.1　与共有义项独有义项差异因素及学习者日语水平因素的关系

通过对共有义项独有义项差异因素与测试条件因素进行的线性方差分析，结果表明，共有义项独有义项因素[$F(1,34)=197.29$, $p<0.01$]与测试条件因素[$F(1,34)=9.24$, $p<0.01$]的主要效果都达到了统计学的显著性水平。但是两因素并不存在交叉作用[$F(1,34)=1.30$, n.s.]（图 7.1）。

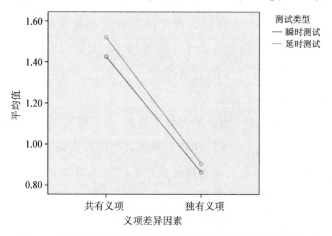

图 7.1　测试条件因素与共有义项独有义项因素的线性关系

因为共有义项、独有义项的主因效果得到了验证,所以笔者又分别对限时测试、非限时测试中的共有义项和独有义项的结果进行了 T 检验。结果表明:在共有义项上,非限时测试的结果明显好于限时测试的结果。但是在独有义项上,限时测试与非限时测试的没有明显差异。具体数据见表 7.5。

表 7.5　共有义项独有义项在不同测试条件下的差异

测试类型	共有义项				独有义项			
	平均值	标准差	t 值	p 值.	平均值	标准差	t 值	p 值.
限时测试	1.43	0.15	−2.92	.006	0.86	0.20	−1.28	.208
非限时测试	1.52	0.18			0.91	0.23		

该结果说明,限时测试条件下,共有义项难易度低于独有义项这一结论与非限时测试相同。但是,测试类型差异对于共有义项的平均值的影响较独有义项显著。这说明,如果给学习者足够的思考时间,与母语相同词义的产出会更好,不过,与母语不同部分的产出效果却没有明显的差异,还停留在较低的水平(平均分低于 1.00)。因此,可以推测中日同形近义词的独有义项产出难度较高的原因,是学习者从根本上缺乏对于母语与目标语词义差异的显性知识,而并非是显性知识没有上升为隐性知识的问题。

在这一基础上结合学习者的日语水平来观察,把学习者日语水平因素作为具有对应关系的因素,测试类型因素、共有义项独有义项差异因素作为非对应关系的因素进行了重复度量的方差分析,结果表明,测试类型因素[$F(1,34)=8.78$, $p<0.01$]、共有义项独有义项差异因素[$F(1,34)=227.90$, $p<0.01$]、学习者日语水平因素[$F(1,34)=18.14$, $p<0.01$]的主要效果都达到了统计学的显著水平。但是,三者并不存在交互作用[$F(1,34)=1.702$,n.s.]。

因为学习者水平的主因效果得到了肯定,说明低水平、高水平受试者之间存在明显的差异。这一差异并非受到测试类型因素与义项差异因素的影响。通过观察低水平组、义项差异因素在不同测试类型中的表现(图 7.2 和表 7.6)可以发现,低水平组在产出共有义项时非限时测试的结果好于限时测试,且经过 T 检验证明具有显著差异[$t(16)=-2.82$, $p<0.05$]。在独有义项的结果上,限时测试和非限时测试没有显著的差异,与 7.2.1 节受试

者总体结果近似。

　　这说明,限时测试条件增加了初级日语学习者产出中日同形近义词共有义项的难度、但由于他们完全缺乏独有义项的知识,即使给予思考时间也无法正确产出独有义项,所以在独有义项上测试条件差异因素没有产生假设的影响。

高水平组

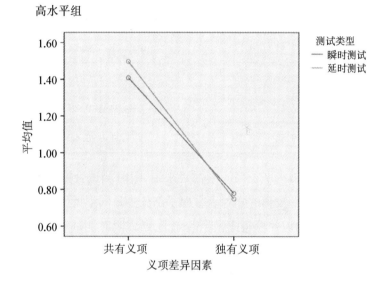

低水平组

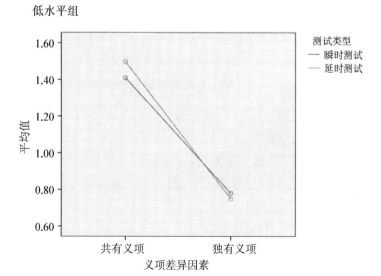

图7.2　不同日语水平学习者的测试条件因素与共有义项
独有义项因素线性关系的对比

　　而高水平组的情况与低水平组不同。无论是共有义项还是独有义项，非限时测试的结果均好于限时测试，而且独有义项经过 T 检验具有显著差异[$t(19)=-2.161$, $p<0.05$]。

表 7.6　　在不同测试条件下，低、高水平组共有义项、独有义项的产出差异

日语水平	测试类型	共有义项				独有义项			
		平均值	标准差	t 值	p 值	平均值	标准差	t 值	p 值
低水平组	限时测试	1.41	0.17	−2.82	.013	0.78	0.13	0.85	.428
	非限时测试	1.50	0.17			0.75	0.18		
高水平组	限时测试	1.44	0.14	−1.83	.083	0.94	0.22	−2.16	.044
	非限时测试	1.54	0.19			1.04	0.19		

　　这说明对于日语水平较高的学习者来说，限时测试会提高独有义项的产出难度。日语水平较高的学习者掌握了部分中日同形近义词独有义项的显性知识，但这一知识并没有成为隐性知识，所以限时测试的结果明显低于非限时测试。

　　共有义项情况下，非限时测试的结果好于限时测试的趋势在日语水平较低的学习者身上表现得更为明显。说明低水平日语学习者产出共有义项时需要更多的时间。这一结论与小森(2010)的结果有共同之处。小森通过共有义项的提示发现，该提示并没有对日语水平较低学习者判断目标词是否是日语词起到促进作用，因而认为母语的词义激活需要一定的日语水平。事实上，小森 2010 判断测试中提示词显示时间有 280 毫秒，然后有 120 毫秒的间隔，之后显示目标词。也就是说从共有义项词义的提示到目标词的显示只有 400 毫秒时间，这一实验的过程结合本实验的结论说明，不是母语词义的快速激活需要较高的日语水平，而对于低水平学习者来说需要更多的时间。

　　高水平学习者产出共有义项情况下，限时测试与非限时测试的结果已经不存在明显差异。这说明，高水平学习者对于共有义项的处理基本达到了自动化程度。但是独有义项仍然存在限时测试与非限时测试的显著差异，说明学习者所掌握的相关知识自动化程度较低。

7.2.2.2　与 O1、O2、O3 类型差异因素及学习者日语水平因素的关系

O1、O2、O3 差异类型因素对于观察母语迁移对产出结果的影响具有重要作用。学习者在产出 O1 时,往往将 O1 的日语词义与汉语词义对应,因此影响了 O1 日语独有义项的进一步习得,从而无法正确产出 O1 的独有义项。而对于 O2,学习者同样有将汉语词义等同于日语词义产出的倾向,具体表现为无法遏制母语词义的迁移,将汉语词音读化,从而产生错误。O3 则兼而有之。本书第四章证明了 O1 的产出结果明显好于 O2、O3。那么,这一影响在限时测试中的表现如何呢?

经过测试条件因素与 O1、O2、O3 类型差异因素的线性方差分析结果表明,测试条件因素[$F(1,34)=10.930$, $p<0.01$]与 O1、O2、O3 类型差异因素[$F(2,33)=50.478$, $p<0.01$]的主因效果都得到了验证。但是两者并不存在交互关系[$F(1,33)=0.157$, n.s.](图 7.2)。

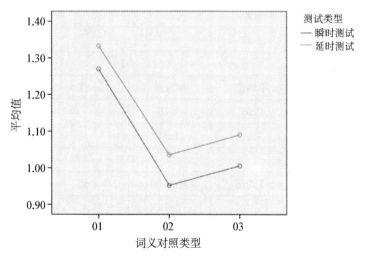

图 7.3　测试条件因素与 O1、O2、O3 类型差异因素的线性关系

上图中表示限时测试结果的曲线与非限时测试几乎平行,说明虽然 O1、O2、O3 中学习者的母语——汉语词义发挥的作用不同,但是测试条件因素对于 O1、O2、O3 的影响几乎是相同的。无论在何种测试条件下 O1 的产出结果均好于 O2、O3。非限时测试的结果好于限时测试的结果。

由于 O1、O2、O3 类型差异因素的主因效果得到了验证,笔者又分别对

O1、O2、O3 情况下的测试类型因素进行讨论。对 O1、O2、O3 限时测试与非限时测试的配对样本 T 检验的结果表明,O1、O2 限时测试与非限时测试结果存在显著差异,而 O3 并不存在显著差异(表 7.7)。

O1、O2 的结果在限时测试与非限时测试中表现出比较明显的差异,说明学习者在给予时间考虑的情况下,能够更好地提出 O1、O2 产出相关的显性知识。而 O3 没有发生变化。除了 O1 的产出情况好一些之外,O2、O3 非限时测试的平均值仍在 1 分左右徘徊。说明学习者虽具有一定的显性知识,但这一显性知识完全不够支持学习者正确产出中日同形近义词。

表 7.7 O1、O2、O3 在不同测试条件下的差异

测试类型	O1			
	平均值	标准差	*t* 值	*p* 值
限时测试	1.27	0.17	−2.16	.038
非限时测试	1.33	0.17		
测试类型	O2			
	平均值	标准差	*t* 值	*p* 值
限时测试	0.95	0.15	−2.28	.029
非限时测试	1.04	0.24		
测试类型	O3			
	平均值	标准差	*t* 值	*p* 值
限时测试	1.01	0.19	−1.99	.055
非限时测试	1.09	0.23		

结合学习者日语水平差异来观察,可以发现:

经过存在对应关系的学习者因素以及不存在对应关系的测试类型因素、词义对照类型因素的方差分析结果表明,测试类型因素$[F(1,34)=10.29, p<0.01]$、词义对照类型因素$[F(1,33)=60.94, p<0.01]$、学习者因素的主因效果$[F(1,33)=15.74, p<0.01]$都达到统计学的显著性要求。但是三者并不存在交互作用$[F(1,33)=0.13, \text{n.s.}]$。(图 7.4)。

高水平组

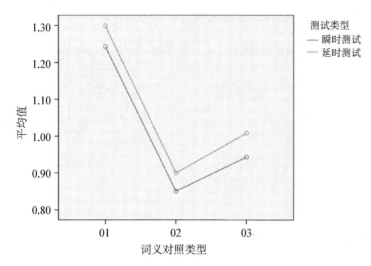

低水平组

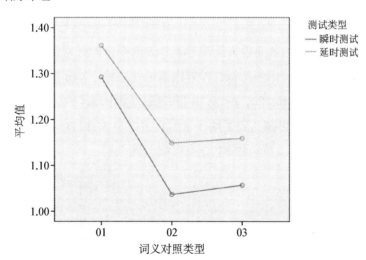

图 7.4 不同日语水平学习者的测试条件因素
与 O1、O2、O3 类型差异因素的线性关系的对比

分别对低、高水平组 O1、O2、O3 的限时测试结果与非限时测试结果进行了配对样本 T 检验后,本研究发现只有低水平组在产出 O3 时限时测试的平均分明显低于非限时测试(表 7.8)。这一结果与总体差异的结论——限时测试 O1、O2 的平均得分明显低于非限时测试、O3 不存在明显差异相矛盾。这一现象的出现可能与区分日语水平高低组之后测试样本数目较少有关，需要在后续研究中扩大样本数做进一步的观察。

表7.8　不同测试条件下低、高水平组O1、O2、O3的产出差异

水平	测试类型	O1				O2				O3			
		均值	标准差	t值	p值	均值	标准差	t值	p值	均值	标准差	t值	p值
低组	限时	1.24	0.20	−1.47	.163	0.85	0.07	−1.08	.298	0.94	0.10	−2.16	0.047
	非限时	1.30	0.17			0.90	0.17			1.01	0.15		
高组	限时	1.29	0.13	−1.57	.134	1.04	0.14	−2.02	.059	1.06	0.23	−1.35	.193
	非限时	1.36	0.16			1.15	0.23			1.16	0.27		

7.2.2.3　与词性差异因素及学习者日语水平因素的关系

通过对测试类型因素与词性差异因素进行线性方差分析，结果表明：词性因素[$F(1,34)=46.725$，$p<0.01$]和测试类型因素[$F(1,34)=14.938$，$p<0.01$]的主要效果都达到了统计学的显著性要求，而且这两个因素之间存在交互关系[$F(1,34)=4.531$，$p<0.05$]（图7.5）。

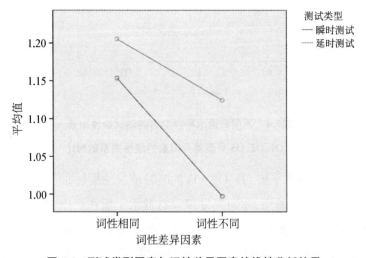

图7.5　测试类型因素与词性差异因素的线性分析结果

由图 7.5 可见,限时测试的直线斜角较大,表明限时测试中词性相同的 O 词与词性不同的 O 词平均值差异较大,而非限时测试直线斜角较小,说明非限时测试两者的差异没有限时测试明显,与词性相同的 O 词相比,词性不同的 O 词在非限时测试中的结果得到了明显的改善。

因为测试条件因素与词性差异因素的主因效果与交叉作用都得到了验证,所以笔者又对词性相同的 O 词和词性不同的 O 词分别进行限时测试结果与非限时测试结果的后续检验。经过配对样本 T 检验发现,词性相同的 O 词限时测试结果与非限时测试没有显著差异,但是词性相异的 O 词的限时测试结果显示出了差异(见表 7.9)。说明限时测试条件会加大母语与目标语存在词性差异的中日同形近义词的产出难度。

表 7.9　词性差异因素在不同测试条件下的差异

	词性相同				词性相异			
	平均值	标准差	t 值	p 值	平均值	标准差	t 值	p 值
限时测试	1.15	0.13	−1.76	.088	1.00	0.15	−4.42	.000
非限时测试	1.21	0.17			1.13	0.17		

瞬时产出时中日词性差异引发的困难在给予充分时间思考时得到了改善,说明学习者所掌握的与中日词性差异相关的词义知识存在状态是显性的,需要时间去激活和提取。而限时测试使得学习者没有时间去处理,进而影响了正确率。

通过进一步结合学习者日语水平差异因素进行观察,笔者有以下发现:

通过存在对应关系的学习者日语水平因素、不存在对应关系的测试类型因素、词性差异因素的方差分析,结果表明,测试类型因素[$F(1,34)=14.15, p<0.01$]、词性差异因素[$F(1,34)=45.14, p<0.01$]、学习者日语水平因素[$F(1,34)=15.46, p<0.01$]的主因效果都达到了统计学的显著水平。此外,三者存在交互作用[$F(1,34)=5.85, p<0.05$](图 7.6)。

通过分别观察低水平组与高水平组在不同测试条件下产出词性相同的 O 词和词性不同的 O 词的结果可以发现:低水平组词性相同的词限时测试与非限时测试的结果并没有显著差异。但词性不同的词,非限时测试的结果明显好于限时测试[$t(35)=-3.84, p<0.01$](表 7.10)。而高水平组无

论是词性相同的词还是词性不同的词,非限时测试的结果都明显好于限时测试的结果。

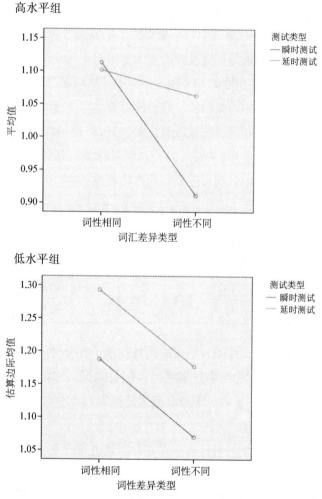

图7.6   不同日语水平学习者测试条件因素与

词性差异因素的线性关系对比

低水平组在产出词性相同的中日同形近义词时,未显示出时间限制对产出结果的干扰,原因可能在于,初级学习者关于这类词的词汇知识局限但较为稳定,处理词性相同的中日同形词时容易依赖母语词义,较少受到一词多义或者一义多词等因素的干扰,所以,无论是否给予思考时间,产出结果没有明显差异。另一方面由于初级学习者在学习词汇时,往往先习得词义,其次才习得该词的语法功能,所以词性不同的中日同形近义词正确率低难度较高。当存在时间限制时,学习者更难以正确产出。

而高水平组随着日语能力的提高,已经获得了词汇语法功能方面的知识,其问题在于相关知识并没有达到自动化。所以,充分的思考时间能够使学习者更有效地提取这些知识,完善产出结果。

此外,通过本节的讨论可以看出,无论学习者日语水平如何,时间的限制将加大学习者产出词性存在差异的中日同形近义词的难度。

表 7.10　在不同测试条件下低、高水平组词性相同与词性不同的
中日同形近义词的产出差异

		词性相同				词性不同			
		平均值	标准差	t 值	p 值	平均值	标准差	t 值	p 值
低水平组	限时	1.11	0.13	0.38	.709	0.91	0.12	−3.84	.002
	非限时	1.10	0.13			1.06	0.15		
高水平组	限时	1.19	0.12	−2.31	.033	1.07	0.15	−2.56	.020
	非限时	1.30	0.16			1.18	0.17		

7.2.2.4　与词汇本身难易度因素及学习者日语水平的关系

经过测试类型因素和词汇本身难易度因素的线性方差分析后发现,测试类型因素[$F(1,34)=11.80$, $p<0.01$]与词汇本身难易度因素[$F(1,34)=152.58$, $p<0.01$]的主要效果都达到了统计学的显著性要求。此外,两个因素存在交互作用[$F(1,34)=12.24$, $p<0.01$](图 7.7)。

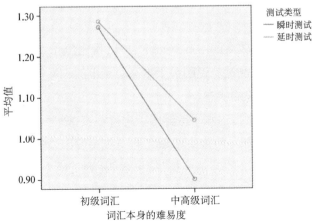

图 7.7　词汇本身难易度因素与测试类型因素的线性关系

通过 T 检验进一步比较初级词汇和中高级词汇的差异发现：初级词汇在两种测试条件下的结果不存在明显差异[$t(35)=-0.53$, n.s.]，但中高级词汇的结果存在明显的差异[$t(35)=-4.49$, $p<0.01$]（表 7.11）。说明限时测试和非限时测试初级词汇的产出状况不存在明显差异，但是中高级词汇非限时测试中的产出状况明显好于限时测试。

表 7.11　初级词汇和中高级词汇的平均值在不同测试条件下的差异

	初级词汇				中高级词汇			
	平均值	标准差	*t* 值	*p* 值	平均值	标准差	*t* 值	*p* 值
限时测试	1.27	0.14	-0.53	.599	0.90	0.16	-4.49	.000
非限时测试	1.29	0.15			1.05	0.20		

初级词汇在限时测试与非限时测试平均值的接近，说明学习者所具备的显性知识与隐性知识没有显著差异。由于平均分并不高，所以学习者所具备的词汇知识可能并非全面，但可以确定的是他们已经可以较为熟练地运用了这些已知的知识。

初级词汇是学习者多次使用或者多次见到过的词汇，所以，即使在限时测试条件下，产出也往往是比较有把握的，一挥而就，并不需要进行仔细的思考，一定程度上达到了自动化。因此，限时测试与非限时测试的结果是相近的。但是，这也可能成为学习者难以习得中日同形近义词的障碍。在第四章的讨论中，发现学习者许多初级词汇的独有义项（如「最近」）的产出状况很差。从本结果来看，学习者对已知的词汇知识过分肯定和自信，使产出已经达到了自动化的程度，这也是阻碍词汇深度知识发展的一个重要原因。

而产出本身难度较大的中高级词汇，可以看出给予学习者思考时间会使产出状况好于限时测试。说明关于中高级词汇的词义知识大多是显性知识，仍然处于非自动化的状态。

此外，结合学习者日语水平差异因素进行观察，把学习者因素作为具有对应关系的因素、把测试类型因素、词汇自身难易度因素作为不具有对应关系的因素进行 $2\times2\times2$ 的方差分析，结果表明：测试类型因素[$F(1,34)=11.12$, $p<0.01$]、词汇自身难易度因素[$F(1,34)=170.54$, $p<0.01$]、学习者日语水平因素[$F(1,34)=15.51$, $p<0.01$]的主因效果均达到了统计

学的显著性要求。但是,三者之间并不具备交互关系[$F(1,34)=0.02$,
n.s.](图7.8)。

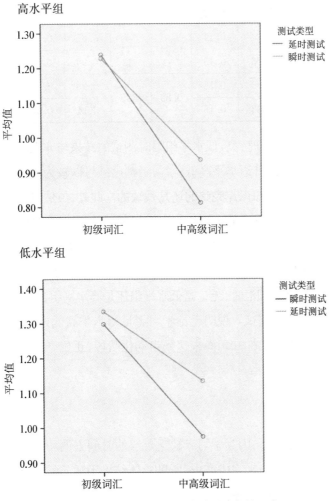

图 7.8　不同日语水平学习者的测试条件因素
与词汇本身难易度因素的线性关系的对比

　　通过分别观察低水平组与高水平组不同测试类型下初级词汇、高级词
汇的产出差异发现,低水平组与高水平组在产出初级词汇时,限时测试与非
限时测试的结果没有明显差异,但是,在产出中高级词汇时,非限时测试的
产出结果明显好于限时测试的结果(表7.12)。

表 7.12　　低、高水平组在不同测试条件下初级词汇、中高级词汇的产出差异

		初级词汇				中高级词汇			
		平均值	标准差	*t* 值	*p* 值	平均值	标准差	*t* 值	*p* 值
低组	限时测试	1.24	0.11	0.34	.741	0.81	0.17	−3.05	.008
	非限时测试	1.23	0.13			0.94	0.18		
高组	限时测试	1.30	0.16	0.89	.385	0.98	0.11	−3.29	.004
	非限时测试	1.33	0.15			1.14	0.18		

　　在产出初级词汇时,高、低水平组限时测试的结果与非限时测试都没有明显差异,说明无论日语水平高低,学习者都已经可以较为流畅地完成初级词汇产出,不管这些知识是完整的还是残缺的。此外,虽然没有达到统计学的显著差异,但可以看出低水平组产出初级词汇时,限时测试的平均值反而略好于非限时测试。这一现象说明低水平组学习者在具备思考时间后,可能受到其他表达相同概念的词汇的干扰出现错误,而高水平组则没有此趋势。

　　在产出中高级词汇时,无论是低水平组还是高水平组,非限时测试的结果都明显好于限时测试。说明无论学习者日语水平高低如何,他们所具备的中高级词汇的产出性知识尚未达到自动化阶段,正确产出都需要充足的时间。

7.3　小结

　　限时测试条件下,因为学习者缺乏足够的时间去调动大脑中的词汇知识(特别是显性知识)来完成产出,所以总体结果不如非限时测试。而非限时测试的标准差比限时测试大,说明学习者中日同形近义词显性知识的个体差异更为显著。

　　从共有义项、独有义项的差异来看,非限时测试的共有义项的测试结果明显好于限时测试的结果。但独有义项并没有明显的差异。说明如果给学习者足够的时间思考,共有义项的产出效果会更好,不过独有义项的产出效果仍然处于较低的水平。可以看出学习者对于中日同形近义词的知识大多是关于共有义项的,从根本上缺乏对于母语与目标语词义差异的显性知识,而并非是显性知识没有上升为隐性知识的问题。

日语水平较低的学习者产出共有义项时,非限时测试的结果好于限时测试,与受试者总体趋势相同。说明低水平的日语学习者产出共有义项时需要更多的时间,在产出独有义项时,因为本身缺乏独有义项的产出知识,所以即使给予思考的时间也无法正确产出。日语水平较高的学习者在产出共有义项时,两种测试条件的结果没有明显差异,与总体趋势不同。说明共有义项的产出知识已经达到较高的自动化程度水平。独有义项部分的产出结果非限时测试明显好于限时测试,说明关于中日同形近义词独有义项的显性知识是存在的,只不过自动化程度较低。

从 O1、O2、O3 类型的差异来看,测试类型对于 O1、O2、O3 的影响基本一致:非限时测试结果好于限时测试结果。O1、O2 的产出结果在不同测试条件下表现出了明显的差异,但 O3 没有。在观察不同日语水平的学习者的产出时发现,只有初级学习者产出 O3 时,限时测试与非限时测试存在差异。其他情况均无差异,结果出现了矛盾,这可能与划分日语水平后造成的样本数过低有关,需要后续研究继续观察。

从母语与目标语在词性上是否存差异这一因素来看,限时测试中词性所造成的困难虽然在非限时测试中依旧存在,但是明显减少,词性(词汇使用上)的知识存在的状态是显性的,需要一定的思考时间去激活它。对于日语水平较低的学习者来说,词性相同的词在限时测试、非限时测试中产出状况没有明显差异,说明了在学习的初级阶段,学习者较为自动化地使用中日同形近义词的某一词义(核心词义或母语词义)。而日语水平较高的学习者已经开始注意到中日同形近义词可能存在核心词义之外的其他用法以及与母语词义的差距,并储备了相关知识,只是这些知识明显还没有达到自动化水平。

从初级词汇、高级词汇的差异来看,初级词汇的产出在非限时测试与限时测试中没有明显差异。原因在于无论学习者初级词汇知识是否完整,深化程度如何,在产出初级词汇时,往往因为感觉上比较熟悉,所以,无论在限时测试还是非限时测试都是一挥而就,并不需要进行仔细地思考,自动化的程度较高。而产出本身难度较大的中高级词汇,可以看出给予学习者思考时间会使产出状况好于限时测试。说明关于中高级词汇的词义知识大多是显性知识,仍然处于非自动化的状态。这一情况同时存在于日语水平较低和日语水平较高的学习者身上。

第八章　结　论

本章 8.1 节将对研究结论进行总结；8.2 节阐述本研究在理论方面所做出的贡献；8.3 节将结论与教学实践相结合，阐述本研究的结果对日语教学的启示。8.4 节总结研究的局限性及今后的课题。

8.1　研究结论

通过第四、五、六、七章实验结果的分析与讨论，本研究的结论总结如下：

一、母语与目标语的差异对于中国日语学习者习得中日同形近义词具有较大影响。中日同形近义词的共有义项部分难度明显低于独有义项部分。在产出性任务中，O1 类型的中日同形近义词的难度明显低于 O2 和 O3 类型。母语与目标语词性相同的中日同形近义词的难度低于词性不同的中日同形近义词。

二、词汇本身难易度差异因素也对中国日语学习者中日同形近义词的习得产生影响。总体来看，属于初级词汇的中日同形近义词的难度低于属于中高级词汇的中日同形近义词。当词汇本身难易度因素与共有义项独有义项差异因素共同作用时，中日同形近义词义项的习得难度由易到难为：初级 O 词的共有义项、中高级 O 词的共有义项、初级 O 词的独有义项、中高级 O 词的独有义项。在词汇本身难易度因素与 O1、O2、O3 类型差异因素共同作用时，中日同形近义词由易到难的顺序为：初级 O1、初级 O3、中高级 O1、初级 O2、中高级 O2、中高级 O3。在词汇本身难易度因素与词性差异因素的影响下，中日同形近义词习得难度由易到难的顺序为：属于初级词汇且词性相同的 O 词、属于初级词汇且词性不同的 O 词、属于中高级词汇且词性相同的 O 词、属于中高级且词汇词性不同的 O 词。

三、学习者二语水平不同,中日同形近义词的习得状况也不同。总体来说,学习者日语水平越高中日同形近义词的习得状况越好。结合词汇因素来看,主要有以下发现:

1. 在产出中日同形近义词的共有义项时,无论学习者日语水平高低,产出难度均较低。而在产出独有义项时,虽然日语水平较高的学习者的产出结果较差,但明显好于日语水平较低的学习者。

2. 无论中日同形近义词是属于 O1、O2 还是 O3,日语水平较高的学习者产出状况均好于日语水平较低的学习者。

3. 无论中日同形近义词在汉语和日语中的词性是否相同,日语水平较高的学习者的产出状况都好于日语水平较低的学习者。

4. 无论中日同形近义词本身的难易度属于初级还是中高级,日语水平较高的学习者的产出状况均好于日语水平较低的学习者。不同日语水平的学习者中高级 O 词产出结果的差异大于初级 O 词。

四、不同的测试条件会造成学习者产出中日同形近义词时难易度发生变化。总体来说,非限时测试结果好于限时测试。学习者非限时测试时的个体差异较限时测试显著。

1. 结合母语与目标语的差异因素与学习者日语水平因素在限时测试与非限时测试中的表现发现,日语水平较低的学习者在产出中日同形近义词的共有义项时,非限时测试成绩明显好于限时测试,说明学习者运用共有义项的知识需要一定的操作时间;在产出独有义项时,限时测试与非限时测试正确率都很低,没有明显差异,说明日语水平较低的学习者尚不具备独有义项的显性知识,无论是否给予时间思考,结果都相同。而日语水平较高的学习者在产出共有义项时,限时测试与非限时测试的结果都较好且没有明显差异,说明对于共有义项的知识已经达到了较高的自动化水平。在产出独有义项时,非限时测试结果明显好于限时测试,说明高年级学习者已经具备关于独有义项的显性知识,只是该类知识运用的自动化水平仍较低。

2. 结合母语与目标语词性差异因素与学习者日语水平因素在限时测试与非限时测试中的表现发现,日语水平较低的学习者产出词性相同的中日同形近义词时,限时测试、非限时测试结果没有明显差异,说明在学习的初级阶段,学习者已经能够较为自动化地使用该类词的单一词义(多为母语词义的迁移以及部分核心词义),或者完全不具备词汇的相关知识。但是产出词性不同的词时,限时测试的难度明显大于非限时测试,说明日语水平较低的学习者所具备的词性差异以及词汇使用的相关知识尚未自动化,在产出时需要充分的思考时间。而日语水平较高的学习者测试结果明显好于低水平学习者,并且,无论词性是否相同,非限时测试的产出情况都好于限时测试,说明词汇知识(包含词汇使用及母语目标语差异等内容)都在不断扩展与深化,只是自动化程度仍不够高。

3. 结合词汇本身难易度因素与学习者水平因素在限时测试与非限时测试中的表现发现,无论学习者日语水平如何,初级词汇在限时测试、非限时测试中的产出结果没有明显差异。说明无关日语水平高低,学习者已经能够较为自动化地提取初级中日同形近义词的相关知识,尽管这些知识可能是不完善的或是错误的。而在产出中高级词汇时,无论学习者日语水平如何,非限时测试的结果都好于限时测试,说明无关学习者水平高低,中高级中日同形近义词的相关知识的自动化水平较低,产出需要一定的时间。

8.2　结论的理论贡献

本研究通过借鉴中日对比研究与误用研究的成果,提取了最可能影响词汇习得的三类母语与目标语的差异因素,并结合 Laufer(1991、1997)影响词汇习得难易度词汇因素理论,加入了"词汇本身难易度"这一维度,将词汇特征因素扩大为四个。通过观察不同日语水平学习者在限时测试与非限时测试的产出,对学习者中日同形近义词的习得状况以及原因进行了探讨,得出了 8.1 节描述的 4 个结论。其理论意义可以具体分为 8.2.1、8.2.2 两个方面。

8.2.1　对 Laufer(1990、1991、1997)影响词汇习得难易因素理论的发展

从宏观上来说,本研究最直接的理论背景是 Laufer(1990、1991、1997)影响词汇习得难易度因素理论。在这一理论中列举了可能影响词汇习得难

易度的词汇交互因素与词汇内部因素,但正如 Laufer 自己指出的,虽然这些因素不是独立的存在,她却未能讨论因素之间的影响,特别是未能解决当词汇本身因素与母语迁移因素共同作用时习得的难易度如何变化的问题。

本研究首先证明了词汇交互因素的影响。中国日语学习者产出中日同形近义词时母语或目标语的独有义项难度明显高于共有义项的实验结果,证明了 Laufer(1991)提出的目标语与母语在词形、发音上接近但在意义上存在不同的词(词义项)习得难度大的假设。同时,O1、O2、O3 之间的难度差异也验证了 Laufer(1991)提出的母语与目标语词义对应关系影响词汇习得难易度的观点:在产出时,目标语日语具有独有义项的中日同形近义词(Laufer 指出的"集中"类型)词义的难度远低于学习者母语汉语具有独有义项的中日同形近义词(Laufer 指出的"分散"类型)。另外,本研究还发现了母语与目标语在词性的差异也可能加大学习者的习得难度,这在 Laufer(1990、1991、1997)中未被讨论。

其次,与学习者母语无关的词汇内部因素的影响也得到了证实。本研究中的"初级词汇""中高级词汇"是日语母语者依据单词在日语教育领域中的难度确定的,与学习者的母语无关。本研究证明,虽然中日同形近义词是一类较为特殊的词汇,但属于初级词汇的词对于中国学习者来说同样比中高级词汇容易。不过,该因素无法与词汇交互因素分离。在两类因素的共同作用下,可以发现属于初级词汇的中日同形近义词的独有义项虽然难度较高,但与中高级词汇的共有义项难度接近;而属于中高级词汇的中日同形近义词的独有义项才是学习者最难习得的。另外,日语具有独有义项的、属于中高级词汇的词汇产出难度低于汉语具有独有义项的属于初级词汇的词汇,这说明了词汇内部因素(频率等)的作用并非是绝对的。这些在 Laufer 的理论中同样未能涉及。

此外,Laufer(1990、1991、1997)仅仅关注的是影响词汇习得的客观因素,也就是词汇因素,并未对学习者的主观因素——学习者的二语水平进行讨论。而本研究发现词汇因素发挥作用与学习者日语水平相关。日语水平较低的学习者通过母语词义的迁移(借用)较好地产出了中日同形近义词的共有义项,因此,共有义项独有义项之间的难度差异相当大。而随着学习者日语水平的提高,差距逐渐变小。同样,日语具有独有义项的中日同形词与汉语具有独有义项以及两者皆具有独有义项的词之间的差异,在日语水平较低的学习者身上表现得更为明显。但是,词性差异的体现却与之不同。日语水平较低的学习者产出词性相同与词性不同的中日同形近义词的结果均较差,差异不明显。日语水平较高的学习者产出两类词虽然明显好于低水平学习者,但词性存在差异的词明显比词性不存在差异的词难。说明前者的习得更有化石化的可能性,对于学习者来说更为困难。加入学习者日语水平这一维度使得对词汇习得难易的讨论不再局限在词性本身的特征上,使得习得难易度理论更加丰富、立体,具有实践指导意义。

另外,本研究还探讨了测试条件造成的影响。这在 Laufer(1991、1997)中也未涉及。控制测试时间主要为了探讨学习者大脑中所储存的中日同形近义词的显性、隐性知识的差异对产出结果造成的影响。Ellis(2005)指出了在两类不同知识的影响下,学习的难易度与习得的难易度应该存在不同。从本研究结果来看,总体上中日同形近义词限时测试的结果明显低于非限时测试,证明了学习者所储存的显性知识明显大于隐性知识,学习者学习到的知识大于习得的知识。该倾向在学习者产出中日同形近义词的共有义项、O1 和 O2、词性不同的中日同形近义词以及中高级词汇时均表现显著。但是,也存在与假设不符的情况。结合学习者因素来看,日语水平较低的学习者产出中日同形近义词的独有义项时,两种测试结果均较差且没有明显差异,说明了低水平的日语学习者既不具备相关的显性知识也不具备隐性知识。此外,日语水平较低的学习者产出词性相同的中日同形近义词时,两类测试结果也没有明显差异,暗示了在日语学习的初级阶段由于母语与目标语词形相同,语法使用上也没有明显差异,学习者倾向于快速地利用有限的母语词义或已经习得的核心词义知识完成产出。另外,无论是初级学习者还是中高级学习者在产出属于初级词汇的中日同形近义词时,也未见限时测试与非限时测试的明显差异,说明该类词由于本身所具备的频率高、使用普遍性强等特征,使得学习者已经能够较为快速地提取相关知识完成产出,习得的难度较低。测试条件维度的加入可以清晰地区分学习者正确及错误产出的原因,更深一步地观察各类词汇因素的交互作用。

8.2.2 对对比研究、误用研究、中介语研究以及认知处理模式研究的启示

本研究的结论对于目前与中日同形近义词有关的"对比研究""误用研究""中介语研究"与"认知处理模式研究"等都有一定的启示。

本研究对对比研究的贡献在于：首先通过验证中日语言的异同对于学习者的影响，反思了现有分类的合理与不足之处。传统对比研究认为学习者习得目标语与母语相同的部分较为容易、差异的部分较为困难。本研究验证了这一假设不是绝对的。在母语与目标语差异因素之外至少还受到词汇本身难易度因素的制约。因此，如果要使对比语言学的理论更加有效地指导教学，必须结合词汇本身难易度因素进行讨论，事实上陈毓敏（2009）已经尝试着引入词义使用的普遍性（「意味使用の一般性」）这一维度，但基于此维度的对比尚未展开。其次，语言学通过中日词义对比，将中日同形近义词划分为日语具有独有义项的 O1 词汇、汉语具有独有义项的 O2 词汇以及日语和汉语同时具有独有义项的 O3 词汇，这一分类曾受到部分日语教育研究者的质疑。而本研究通过学习者产出这三类词的难易度差异对此，验证了该分类的可操作性及必要性。另外，现有的中日对比研究往往忽视词汇语法功能对词义习得的影响，而本研究验证了将中日同形近义词细分为词性相同的中日同形近义词以及词性不同的中日同形近义词的必要性。

本研究对误用研究的理论贡献在于：首先证明了日语与汉语的差异的确会对学习者造成困难，但并非所有的差异都会引发学习者的误用。汉语的独有义项部分在产出中特别容易出错，特别是在汉语与日语词性一致、仅在词义上存在差异的情况下，学习者很难意识到母语与目标语的差异，从而引发误用，例如「最近」「学生」等。此外，虽然共有义项的误用少于独有义项，但是因为频率的影响，中高级词汇共有义项的习得并没有想象中的容易。比如「解釈」「大事」的共有义项。其次，通过对不同日语水平学习者的观察发现，无论学习者日语水平如何，中日同形近义词的独有义项以及使用频率较低的共有义项的误用情况较为严重。误用产生的原因是不同的，低年级学习者的误用原因多为母语词义的借用或核心词义的泛化，而高年级学习者的误用多是因为缺乏该词与同义词的辨析知识。这一发现进一步扩展了香坂（1980）提出

的学习者日语水平不高造成中日同形近义词误用的观点。最后,本研究发现,有一部分误用仅出现在低年级学习者的产出中,随着学习者日语水平的提高,学习者可以修正错误。但是仍有一些误用同时出现在低、高水平学习者的产出中,如初级词汇词性不同的O3「意见」一词的独有义项,中高级词汇词性不同的 O3「一定」的独有义项等等(表 6.12)。另外,还有些误用仅出现在高年级学习者中,如初级词汇词性相同的O3「问题」一词(表 6.10)。这是三种不同的误用类型,其形成原因也不同对误用研究的精细化、科学化发展提出了新的要求。

作为中日同形近义词中介语研究之一,本研究的理论贡献体现在:首先,从产出方面解答了陈毓敏(2003)、加藤(2005)等人未能解答的O1、O2、O3 难易度差异的问题,得出了日语具有独有义项的词汇比汉语具有独有义项的词汇以及中日两种语言同时具有独有义项的词容易习得的结论。其次,证明了中日两种语言在词性上存在差异会加大习得的困难。第三,验证了母语的影响与词汇本身的难易度共同影响中日同形近义词习得难易度的假设。第四,通过对不同日语水平学习者的观察,发现中日同形近义词并非如加藤(2005)所述是同形词中最难习得的词,而是发展状态最不均衡的词。五、通过对比限时、非限时两种测试结果发现,中日同形近义词习得难易度受到学习者大脑所储存的显性、隐性词汇知识的有无与多寡的影响。

另外,对于认知处理模式研究来说本测试采用了产出自然句子的测试方法,可以作为认知处理实验的一种新的课题,通过讨论产出的反应时间与正确率观察学习者词汇整个认知处理过程。并且,由于本研究已经证明了中日同形近义词的各类特征对习得的影响,这将要求认知心理学实验选择所用词汇时需要更加谨慎,以排除非目标因素的影响。

8.3　对日语教学的启示

本研究的初衷就在于剖析中日同形近义词误用多、习得难的原因,为教师有效地指导中国日语学习者习得该类词提出合理的建议。中日同形近义词近年来受到了越来越多研究者的关注,原因之一就是该课题在日语教育中是一个比较复杂的存在。加藤(2005)认为这是对于中国学习者来说最难习得的一类日语词汇。但是,笔者希望传达的一个认识是,与其说这是一类最难习得的词,不如说这是一类发展十分不均衡的词。而这种不均衡又促使我们对于该类词的教育需要具有一些较为特殊的观点。

8.3.1 对中日同形近义词教学观点的提议

观点一,该类词是需要学习者特别关注以及教师特殊指导的词。

词汇习得中一直存在对"偶发性习得"(又叫作附带习得或间接学习)与"意识性学习"(又叫作有意学习或直接学习)的讨论与比较。许多研究者认为学习者的"偶发性学习"更有利于扩展学习者的词汇量,形成学习者的隐性知识。如 Joe(1998)认为相对于有意识地背单词、查词典、做词汇练习等学习来说,附带习得是一个无意识的过程,而学习者大部分的词汇习得均属附带习得(转自张萍,2006:21)。但是也有一些研究,如张庆宗、吴喜燕(2002)从认知的角度探讨了在直接学习的过程中,二语词汇进行形式和语义加工对二语词汇学习效果的影响程度。结果发现,直接学习对整个学习效果产生了积极的促进作用。

本文认为中日同形近义词如果仅仅依靠学习者的"偶发性学习"是无法习得的,需要学习者的特别关注以及教师的特殊指导。通过本研究的结论可以看出,学习者缺乏关于中日同形近义词意义,使用方面的显性知识不仅是独有义项,在产出许多与母语词义相同的共有义项时仍然存在困难,而且这种困难在日语水平较高的学习者身上也表现显著母语的正迁移发挥的作用有限,负迁移的干扰也难以摆脱。其实,本测试中使用的 20 个词汇,都被收录在教育部高等学校外语专业教学指导委员会日语组(2001)《高等院校日语专业基础阶段教学大纲》(以下简称《基础大纲》)中。也就是说这 20 个测试词是中国高校日语专业学生完成 2 年的专业学习之后需要掌握也可以掌握的词。很显然,这一目的没有达成。

因此,笔者认为该类词是无法通过"偶发性学习"达到习得目的的。需要进行特殊的关注及指导。具体指导方法将在 8.4 节中论述。

观点二,与其去寻找与母语相关的某种规律,不如通过记忆的方式来掌握。

Nation(2001)提到,单词的习得存在"单独项目的学习"与"系统与规律的学习",认为在"单独项目的学习"中,将会逐渐产生"系统与规律的学习"虽然笔者也一直在追寻对于中日同形近义词究竟要掌握何种规律才更有利于习得它,但是,本研究证明,该类词的规律较为复杂,Nation(2001:59)也指出高频词的产出是基于学习者对该词的大量的特殊经验而不是其背后的规律。因此,笔者认为,关于中日同形近义词,与其去寻找较为通用的规律,不如通过有目的的训练,基于记忆来掌握。

玉冈(2000)的研究提出,在对中国学习者导入该类词时,应尽量避免使用汉字,应该通过假名的方式让学习者在词的音声系统与词义系统产生链接后,再导入汉字的标记。这一方式虽然实施起来相当困难(学习者学习的环境不可能只在课堂上,一旦发现词形上的近似性,还是无法避免词形近似造成的词义的迁移),但可以看出,要有效解决母语的词义迁移,需要打破学习者学习该类词的习惯,放弃寻找某一个通用、便利的规律的想法。

观点三,教学中导入中日同形近义词的时候,与其把它当作一个词,不如当作是几个不同的词更为有效。

对于母语为汉语的学习者来说,影响中日同形近义词习得的因素较多,特别是共有义项与独有义项之间的产出差异相当大。学习者关于该类词的深度知识存在着严重的不足。因此,在导入该类词时,与其把它当作一个词来教、来学,不如按照词义项的难易度级别,分阶段多次导入。据笔者了解,英语教育界也曾经提出对于多义词或者难以习得的词按照词义项来导入的见解。而这一方式是否有效,可以通过今后的实证研究来解决。

8.3.2 对具体教学方法的建议

在提出中日同形近义词具体教学方式的建议之前,先综述一下目前中国国内中日同形近义词的教育现状。

8.3.2.1 中国国内中日同形近义词的教学现状

本研究第四至七章的讨论中都提到,学习者将母语与目标语的词义进行"一对一的词汇习得模式"是造成学习者词汇知识浅薄、产出状况不佳的共性原因之一。这与成年二语学习者词汇学习无法摆脱母语影响这一认知习惯有关,但是现有的教育方式无疑也是在推波助澜。

中国境内的日语学习者,特别是高校日语专业学生的日语学习,主要通过课堂教育,因此笔者围绕测试中使用的 20 个中日同形近义词,对教育部高等学校外语专业教学指导委员会日语组(2001)《高等院校日语专业基础阶段教学大纲》、教育部高等学校外语专业教学指导委员会日语组(2000)

《高等院校日语专业高年级阶段教学大纲》(以下简称《基础大纲》与《高年级大纲》)以及本实验中受试所使用的两类教科书——《基础日语教程》(1—4册、1998—2001)和《新编日语》(1—4册修订版、2009—2011)两套初级日语教材进行了分析、调查。

前面已经提到,本研究涉及的 20 个测试词汇,包括四年级学生产出状况较差的词,均被收录在《基础大纲》词汇表中,未出现于《高年级大纲》词汇表。也就是说这 20 个测试词都是中日高校日语专业学生完成两年的专业学习之后需要掌握也可以掌握的词。

《基础大纲》和《高年级大纲》作为国内高校日语本科专业教育的指针,其存在对教学活动的实施、教材的编写等方面都有重要的指导作用。在大纲教学要求中,文字部分中提到了需要"严格区别汉语汉字和日语汉字"的意义,但在词汇部分中没有提到中日同形词的概念以及中日同形词词义使用上可能存在的差异。另外,通过《基础大纲》提供的词汇表可以发现,大纲对于中日同形近义词的汉语释义是比较模糊的,比如,「教室」「意见」「学生」等词的注释分别只有汉语"教室""意见""学生"两个字;「最近」「简单」等词的注释也未能体现汉语与日语在词义上的差异(表 8.1)。可见《基础大纲》和《高年级大纲》并没有意识到学习者习得这些词可能遇到的困难。

表 8.1　实验用词在《基础大纲》词汇表中的汉语释义

初级词	词性	汉语释义	中高级词	词性	汉语释义
時間	未提示	时间.小时。	愛情	未提示	爱,爱情。
教室	未提示	教室。	処分	名·他サ	处理、处置。处分、处罚。
普通	名·形動	普通、通常。	深刻	形動	深刻。重大、严重。
大事	名·形動	大事。重要。保重、爱护。	反対	名·形動·自サ	反对。相反。
学生	未提示	学生。	簡単	名·形動	简单、容易。
最近	未提示	最近、近来。新近。	解釈	名·他サ	解释、理解。
熱心	名·形動	热心、热情。	関心	未提示	关心、关怀、感兴趣。

续表

初级词	词性	汉语释义	中高级词	词性	汉语释义
習慣	未提示	习惯。	緊張	名·自サ	紧张。
問題	未提示	题、问题。课题。事件、乱子。引人注目、值得评价的事件。	無理	名·形動·自サ	无理。不讲理。不合适、勉强。硬干。强迫。逼近。
意見	未提示	意见。	一定	名·自サ变	一定、固定。统一规定。

　　作为中国学习者学习日语的重要工具,教科书对于学习者日语学习效果的影响较大。本研究的 20 个测试词中,在《基础日语教程》第一至四册的生词表中没有出现的有 7 个:「愛情」「処分」「解釈」「普通」「反対」「深刻」「一定」。在《新编日语》第一至四册生词表中没有出现的有 4 个:「緊張」「処分」「簡単」「解釈」。通过对《基础日语教程》(表 8.2)和《新编日语》(表 8.3)单词释义和例句考察发现,两本教材在引入这类词汇时,释义与例句都较为简单。如《基础日语教程》第一册中,日语「時間」「教室」等词仅各列举了一个词义。「熱心」「習慣」等词仅在《新编日语》第一册的发音阶段作为生词提出,没有例句,即使在之后的课文中出现也未作为新单词出现在生词表中。

　　中日同形近义词中有一些多义词,在不同的语境中,词义和词性会出现变化。比如,「無理」一词,在例句「無理な要求を出す」和「無理をして体を壊す」中词义和词性都不相同,虽然两套教材都标注了「無理」的词性有名词、形容词两类,但是并没有充分的释义和例句来解释与对应。

表 8.2　测试用词在《基础日语教程》第一至四册中的汉语释义、词性标注与例句

初级	词性	汉语释义与例句	中高级	词性	汉语释义与例句
時間 Ⅰ-7	名	时间。(例)放課後、夕食の時間まで学生はみんな運動をします。	無理 Ⅰ-14	名·形動	勉强、蛮干、无理。
教室 Ⅰ-5	名	教室。(拗音词例)	簡単 Ⅰ-13	名·形動	简单、容易。(例)それは一見簡単だが、実行が難しい。

续表

初级	词性	汉语释义与例句	中高级	词性	汉语释义与例句
大事 II-1	名·形サ	重要、贵重。(例)勉強には地道な努力がいちばん大事ね。	関心 IV-12	名	关心、关怀、感兴趣。(例)いささか関心があって、病院経営の24時間ケア付きマンションと超高級有料老人ホームなどを見学して歩いていて、偶然出会った私の憩いの場所である。
学生 II-1	未提及	(大)学生。(例)この大学は全国各地から勉強に熱心な学生が集まっています。			
最近 IV-4	名	最近、近来;最接近。(例)つい最近まで、農村では水喧嘩があって血の雨を降らせたものだった。	緊張 II-13	名·自サ	紧张;恶化 　何となく緊張した気分にさせられる。
熱心 I-4	形ナ	热心。(拨音词例)			
習慣 IV-10	名	习惯。(例)つまり、今までなかった品物や習慣·制度、…普通なのである。			
問題 II-1	名	问题、题;专题;麻烦,乱子。(例)この頃、若者が危険な仕事、汚い仕事、きつい仕事を嫌がって問題ですね。			
意見 I-13	名	意见。(例)討論の時は皆積極的に意見を交わす。			

　　说明:"初级"一栏列举的是指本研究中作为初级词汇讨论的词。"中高级"一栏列举的是本研究被作为中高级词汇讨论的词。单词"—"前面罗马数字表示出现的册数,"—"后面的阿拉伯数字表示出现的课数。

表8.3　测试用词在《新编日语(修订本)》第一至四册中的汉语释义、词性标注与例句

初级词	词性	汉语释义与例句	中高级	词性	汉语释义与例句
時間 I-4	名	时间。(例)食事の時間	無理 I-12	形動·名	勉强。(例)訪問先で食事をする時は、嫌いなものは無理に食べなくてもいいです。
教室 I-4	名	教室。(例)がくせいはあさはきょうしつにいます。	愛情 III-2	名	爱情。(例)…家庭の愛情が伝わる素敵な年賀状を作ったり…
普通 I-16	名·形動·副	通常、一般、普通。(例)ふつうの人たちはやはり結婚式や誕生日にプレゼントをします。	反対 II-5	名·形動·自サ	反对;相反;相对。(例)方向が反対ですよ。
大事 II-3	名·形動	大事;保重。(例)どうぞ、お大事に。	関心 II-9	名	关心。(例)今、老人問題などいろいろな社会問題が生まれ、人々から大きな関心がもたれています。
学生 I-3	名	学生。(例)テレビは学生のクラブにあります。	深刻 II-6	形動	严重。(例)上海の交通問題はますます深刻になっていくでしょう。
最近 I-9	名	最近。(例)鈴木さんは最近、一か月ほど日本へ帰っていました。			
熱心 I-3	形動	热心。(促音的词例)	一定 IV-13	名·自サ	一定、固定。(例)現代の文章では、擬声語は片仮名で書かれることが多いが、擬態語は平仮名も用いられ、表記は一定していません。
習慣 I-4	名	习惯。(拗长音的词例)			

续表

初级词	词性	汉语释义与例句	中高级	词性	汉语释义与例句
問題 I-12	名	题目,问题。(例)試驗問題には「聴解」、「文字、語彙」、「読解・文法」の三つのセクションがあります。			
意見 Ⅲ-9	名	意见;规劝。(例)時には議長も自ら意見を言いたくなる場合もあります。			

　　说明:"初级"一栏列举的是指本研究中作为初级词汇讨论的词。"高级"一栏列举的是本研究被作为中高级词汇讨论的词。单词"—"前面的罗马数字表示出现的册数,后面的阿拉伯数字表示出现的课数。

　　这一调查表明,无论是《教学大纲》还是本研究受试者所接触的教材,都未能意识到中国学习者在习得中日同形近义词上的特殊性,也未能准确地判断学习者习得该类词的难度。因此,在词语的解释,例句设计和练习设置上都未能帮助学习者辨析、认知、最终习得这些词汇并深化学习者的词汇知识。此外,通过对日语学习者的访谈发现,无论是日语系二年级还是四年级的学生,对中日同形词的分类以及中日同形近义词的概念都很陌生。他们表示,虽然教师在课堂上可能提到过这类词,有时也会对该类词中的某一个词进行辨析,但都是偶发性的,没有系统讲解过,这也是造成学习者习得情况较差、产出和理解时容易发生错误的原因之一。

8.3.2.2　对教学方法的探讨

　　Dekeyser. R(2003)中提到了 Peckham(2000)的针对语法规则学习的一个假设(表8.4)。该假设认为对于不同难易度的语言项目来说,显性的教学活动(explicit teaching)具有不同的有效性。通过对学习者习得状况的调查我们已经知道,中日同形近义词习得难度较大,不仅是独有义项,学习者在产出许多与母语词义相同的共有义项时仍然存在困难,而且这种困难在日语水平较高的四年级学习者身上也表现显著。现有大纲和教材尚未意识到中日同形近义词给学习者带来的困难,因此,中日同形近义词的学习需要学习者的特别关注以及教师的特殊指导。

表8.4　教育对于不同难易度水平的有效性

规则的难度	教育的角色
非常容易	没用(没有必要)
容易	缩短显性学习的过程
一般,适度	对达到目标起促进作用
难	提高注意的机会,为之后的隐性习得提供机会
非常难	没有(无效)

　　笔者认为,针对学习者产出中日同形近义词时容易受到母语迁移影响、词汇的深化知识不足的问题,可以采用深加工训练来深化词汇的词义知识。

　　杨绘荣(2007)指出,Johnson 和 Pearson(1978)提出了用语义图示(semantic map)和语义特征分析(semantic feature analysis)的方法来帮助学习者拓展已有的语义知识。前者是通过语义图示来了解学习者所掌握的与目标词相关的所有知识,同时希望随着学习者通过加深对目标词的了解,不断修正语义图示,促进新知识与已有知识产生联系,达到巩固新知识的目的。而后者则要求学生对属于同一类型的词的语义特征进行辨认,找出这些词的异同,从而了解词与词之间的联系。对于后者,河住(2012)提出了在指导中日同形近义词时,应该要求学习者建立该词与其他词之间的关系。她提出的方式如下。

　　例如,对于「出现」一词,教师宜提出下面的任务。

　　任务1:请整理下面词的异同。

　　出现する　现れる　起こる　生じる　出る　登场する

　　这一任务要求学习者运用词典、语料库或者与其他人探讨,整理出这些近义词之间的关系。这种辨析不仅是汉语词之间的比较,也包括汉语词和语词之间的对比。让学习者逐步认识到这些词在词义范围、使用频率、词性等使用知识方面存在的差异。让学习者去发现、归纳,建立自己的心理词典。

　　根据词义概念范围的大小以及使用频率的高低,这些近义词被定义为四个层次。第一层次词义范围最广,使用频率最高。第四层次词义范围最小,使用频率最低。

第一层次:出る(以前没有发生的东西发生了、出现了、冒出来了,使用频率高,词义范围广)

第二层次:現れる(东西、人,出现了。比起「出る」使用频率低。)

第三层次:出現する(规模比较大的东西产生了,频率低,生硬)

第四层次:登場する(比较受到瞩目的东西产生了,频率低,生硬)

第二层次:起こる(事件、事故的发生)

第二层级:生じる(自然现象、感情的发生)

任务2:要求学习者从下面词汇中选择可以与上面词一起使用的词,从词汇搭配及句法层次方面进行深层次加工。

新商品　問題　怪獣　交通事故　巨大なビル　見知らぬ人　検査結果

这样一来,由于学习者缺乏近义词词义差异知识而引发的中日同形近义词的误用应该会得到改正。而且该任务既可以加深学习者对「出現」一词的理解,同时也能够使理解性知识向产出性知识转换。笔者认为该教学方式的有效性值得在今后通过实证研究的方法去验证。

8.3.2.3　对中日同形近义词课外学习法的建议

虽然本研究指出教师有必要在课堂上对中日同形近义词进行特别指导,但是学习者接触该类词不可能仅仅局限于课堂。那么是否有可能通过学习者的课外学习促进该类词的习得呢?

如果想要达到这一目标,首先,笔者认为需要有合适的工具书或参考书。而这类工具书与参考书的编写应该符合学习者习得的难易度并考虑到难易度形成的原因(包括母语与目标语语义使用的差异以及与其他近义词的关系)。此外,随着中日交流的不断加强与中日关系的不断改善,学习者在课外有机会接触到更多的日语母语者。这时,提高学习者对中日同形近义词的"注意"也很重要。

Jiang(2004)认为,成年二语学习者的词义的习得的第一步,总是基于与母语概念的建立,而之后词义的重建(semantic restructuring)需要以下两个条件。第一,必须有一个指示(indication)表明 L2 词汇与 L1 翻译之间是不完全匹配的。这个指示可以是显性的,比如说是一种教育者或者谈话对方的纠正;也可以是隐性的,比如说谈话对方表现出不理解,或者是会话没有成功的其他一些表现。第二,需要 L2 词汇与母语概念不同的一种确切的信息。这种信心可以是直接的改正、解释,或者通过上下文给出(图 8.1)。

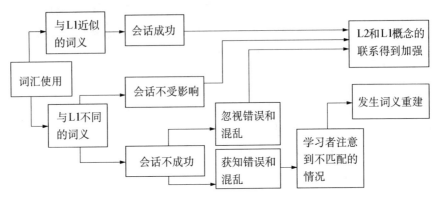

图 8.1   L2 词汇使用的不同环境及对词义发展的影响①

笔者发现,在与日语母语者交流的时候,因为中日同形近义词的错误,并不完全会导致对方无法理解、会话无法进行,所以听话人往往不会表示出特别明显的反应。当说话人提出"这个词用得合适么"的质疑时,听话人往往会理解地说"我明白你要说的意思,但是日本人不这么用"。因此,学习者仅仅通过与日语母语者的交流很难注意到自己的用词不当。这样一来,由于无法意识到自我语义表达时出现的问题,反而加固了已有的 L1 与 L2 词义的联系,直至这一联系固定化。要打破这一模式,就需要学习者在课外与日语母语者交流时注意自己的用词,并特别关注听话人的反应,在拿不准的时候可以直接寻求对方的意见。

8.4   研究的局限性与今后的课题

8.4.1   研究的局限性

本研究存在以下的局限性与不足,需要在今后的研究中改进。

1、样本规模较小,这使得本研究结论的普遍性不足,需要进一步增加

①   根据 Jiang(2004)120 页图翻译而制。

测试人数进行验证。之所以没有进行大规模测试是因为目前关于中日同形近义词影响因素的相关研究不多,致使笔者对于此类研究方法的可能性以及其最终结果没有把握。此外,本实验中的限时测试只能通过一对一的方式进行,所花费的时间超过预计,也是本研究最终样本数较少的一个原因。

2、每个类别的测试词数目仍需扩充,测试词汇的选择还应该更加谨慎。本研究仅仅选择了 20 个中日同形近义词,因此属于 O1、O2、O3 类的测试单词数目,特别是 O3 的词数过少,这使得某一单词或义项的特殊特征容易对整体产生影响。此外,对假设之外的因素的影响,如每一词义项的普遍性及频率,应该进行更好的控制。

3、在讨论学习者日语水平影响时,仅横向比较了中国日语专业学生二、四年级两个层面,无法避免两个年级在班级规模、构成及教学资源配备等方面差异所造成的影响。另外,本研究缺乏对学习者主体的进一步观察。习得难易度既是一种客观的评价,也可以是主观的感觉,而本文仅仅依赖客观的产出平均得分来判断难易度的大小,没能测试到学习者的心理感受。另外,如果想要更好地观察学习者所具备的词汇知识,还应该采用测试后访谈或有声思维方法等方法进行补充。

4、在讨论测试条件因素时,本研究通过控制产出时间来判断学习者提取词汇产出知识的自动化程度,从而对学习者所储备的词汇知识是显性的还是隐性的进行了推断。但是,正如 Ellis(2005)所提到的,由于学习者大脑的运作机制是相当复杂,所以,对于能否严格区分显性、隐性知识,学界至今还存在争议。此外,由于实验条件的局限,本研究中的限时测试只是要求学习者尽快地产出句子,并大概控制了反应时间,却无法计算学习者从看完中文提示词到产出日语句子之间的反应时间是否因为词汇类型的不同而产生变化。因此,如果想更为有效地区分学习者的显性、隐性知识以及相互作用,还需要进一步改善限时测试的实验方法。

5、关于测试工具(问卷)。小林(2001)提到了在自然产出过程中是不存在填空这一方式的。因此,虽然填空能够避免学习者在测试中因为负担过大、注意力难以集中所造成的对结果的影响,但是不得不承认填空测试仍然是一种非自然的语言处理方式。如果想要更好地了解学习者的产出状况,还需要在今后的研究中采取更加自然的产出方式与填空测试进行对比。

此外,填空测试的例句的选择与翻译应该更加慎重,使每个句子的长短、难易度更加均衡。另外,在判断词义项是共有义项还是独有义项时,因为本研究没有考虑汉日词汇在感情色彩上的差异所造成的影响,所以忽视了汉语"深刻的发言"与日语「深刻な発言」、汉语"无理的要求"与日语「無理な要求」等在语气褒贬及轻重程度上的细微差异。在评分过程中,也没有对学习者发音错误以及汉字书写错误的处理进行思辨,这些都需要在以后的实验中改进。

8.4.2　课题展望

本书虽然试图全面剖析中国日语学习者中日同形近义词的习得状况及其原因,但由于个人能力不足,有很多问题尚未解决。后续研究除了应该弥补以上提出的不足之处,还可以从以下几个方面展开。

首先,对中日同形近义词进行进一步的梳理和对比。笔者计划将《基础大纲》《高年级大纲》中的中日同形近义词进行对照,将更多的中日同形近义词纳入学习者产出的实证研究当中,探求其难易度的差异,为教学大纲的完善提供理论支持。

其次,本研究已经观察到学习者已知的词汇知识(与测试词概念接近的近义词知识)对于产出的影响比较明显,但没有能把这一因素作为假设来验证。因此,后续研究可以通过建立合理的假设,进一步观察学习者已知的目标语知识对中日同形近义词产出难易度的影响

另外,学习者词汇的理解过程与产出过程是分不开的。本研究只是对产出过程进行了观察,然而,通过对理解过程进行观察,比较理解过程与产出过程中各个影响因素作用的差异,从学习者理解的角度继续挖掘影响中日同形近义词难以习得的原因也是十分重要的。

参考文献

英文文献

Barcroft, J. 2004. Second language vocabulary acquisition: A lexical input processing approach. *Foreign Lauguage Annals*. 37(2): 200 – 208.

Bogaards, P., & Laufer, B. 2004. Introduction in Bogaard, P. and Laufer, B. (Ed.) *Vocabulary in a Second Language*: vii – xiv.

Dagut, M. 1977. Incongruities in lexical gridding: An application of conreastive semantic analysis to language teaching. *International Review of Applied Linguistics in Language Teaching*. 15(3): 221 – 229.

Dekeyser, R. 2003. Implicit and explicit Learning. *The handbook of Second Language Acquisition*. Blackwell publishing: 313 – 348.

Dienes, Z., & Perner, J. 1999. A theory of implicit and explicit knowledge. *Behavioral and Brain Sciences*. 22: 735 – 808.

Dulay, H., & Burt, M. 1974. Errors and strategies in child second lauguage acquisition. *TESOL Quarterly*. 8: 129 – 136.

Ellis, N., & Beaton, A. 1993. Factors affecting the learning of foreign language vocabulary: Imagery keyword mediators and phonological short-term memory. *The Quarterly journal of Experimental Psychology*. 46A (3): 533 – 558.

Ellis. N. 2002. Frequency effects in language processing: A review with implications for theories of implicit and explicit language acquisition. *SSLA*. 24(2): 143 – 188.

Ellis, R. 1994. *The study of second language acquisition*. Oxford: Oxford University Press.

Ellis, R. 2004. The definition and measurement of explicit knowledge. *Language Learning*. 54: 227 – 275.

Ellis, R. 2005. Modelling learning difficulty and second language proficiency: The differential contributions of implicit and explicit knowledge. *Applied Linguisits*, 27(3): 431 – 463.

Ellis, R., Loewen, S., & Elder, C. 2009. *Implicit and explicit knowledge in second language learning, testing and teaching*. Multilingual Matters.

Faerch, C., & Kasper, G. 1986. Strategic competence in foreign language teaching. *Learning, teaching and communication in the foreign language classroom*. Aarhus: Aarhus University Press: 179 – 193.

Jiang, N. 2004. Semantic transfer and its implications for vocabulary teaching in a second language. *The Modern Language Journal*. 88: 416 – 432.

Joe. A.1998. What effects do text-based tasks promoting generation have on incidental vocabulary acquisition. *Applied Linguistics*.19:357 – 377.

Kellerman, E. 1985. If at first you do succeed. *Input in Second Language Acquisition*. Rowley.MA:Newbury House: 345 – 353.

Kellerman, E., & Sharwood Smith, M. 1986. *Crosslinguistic influence in second language acquisition*. Oxford: Pergamon Press.

Lado, R. 1957. *Lingusitcs across cultures*. Ann Arbor: University of Michigan Press.

Larsen – Freeman, D., & Long, M. H. 1991. *An introduction to second language research*. New York: Longman.

Laufer, B. 1990. Why are some words more difficult than others? Some intralexical factors that affect the learning of words. *International Review of Applied Linguistics*, 28: 293 – 307.

Laufer, B. 1991. *Similar lexical forms in interlanguage* (Language in performance 8.) Tubingen: Narr.

Laufer, B. 1997. What's in a word that makes it hard or easy: Some intralexical factors that affect the learning of words. *Vocabulary: Description, acquisition and pedagogy*. Cambridge: Cambridge University Press: 140 – 155.

Long, M. H. 2003. Stabilization and fossilization in interlanguage development. *The handbook of second language acquisition*. Malden: Black well: 487 – 535.

Nation, P. 1990. *Teaching and learning vocabulary*. New York: Newbury House.

Nation, P. 2001. *Learning vocabulary in another language*. New York: Cambridge University Press.

Odlin, T. 2003. Cross-linguistic influence. *The Handbook of Second Language Acquisition*. Malden. MA: Black well: 436 – 486.

Read, J. 2000. *Assessing vocabulary*. Cambridge: Cambridge University Press.

Ringbom, H. 1987. *The role of the first language in foreign language learning*. Clevedon, Avon: Multilingual Matters.

Schmit, N. 2000. *Vocabulary in language teaching*. Cambridge University Press.

Segalowitz. N. 2003. Automaticity and second languages. *The Handbook of Second Language Acquisition*. Blackwell Publishing. 382 – 408.

Stockwell, R. P., Bowen, D. J., & Martin, J. W. 1965. *The grammatical structures of English and Spanish*. London & Chicago: University of Chicago Press.

Swan, M. 1997. The influence of the mother tongue on second language vocabulary acquisitionanduse. *Vocabulary: Description, Acquisition and Pedagogy*. Cambridge university press: 156 – 180.

Toshihito, K. 2008. *Acquisition of Japanese vocabulary by Chinese background leaners: The roles of transfer in the productive and receptive acquisition of cognates and polysemy*. Vdm Verlag.

Wesche, M., & Paribakht. T. S. 1996. Assessing second language vocabulary knowledge: Depth versus breach. *Canadian Mordern LanguageReview*, 53: 13 - 40

Wode, H. 1976. Developmental sequences in naturalisitic L2 acquisition. *Working Papers on Bilingualism* 11: 1 - 31

日文文献(日语五十音图排序)

秋元美晴. 2002.「よくわかる語彙」.アルク出版:61 - 80.

荒屋勧. 1983.「日中同形語」.『大東文化大学紀要』.21: 17 - 29.

安龍珠. 1999.「日本語学習者の漢語の意味の習得における母語の影響について——韓国人学習者と中国人学習者を比較して」.『第 2 言語としての日本語の習得研究』.4: 5 - 17.

五十嵐昌行. 1996.「表現時の母語干渉——山東大学語言文学形事例報告」.《日语学习与研究》. 3: 41 - 43.

今井喜昭. 1995.「いわゆる"誤用"の問題について」.《日语学习与研究》. 3: 24 - 26.

上野恵司·魯暁琨. 1995.『覚えておきたい日中同形異義語 300』. 光生館.

大井京、齋藤洋典. 2009.「2 言語併用者による日中同形語の意味処理における第 2 言語熟達度の影響」.『認知心理学研究』.7(1):1 - 8.

大河内康憲. 1992.「日本語と中国語の同形語」.『日本語と中国語の対照研究論文集』.くろしお出版.

香坂順一. 1980.「日中両国語の同形语について」.『日语学习与研究』. 1980(2):7 - 21.

国際交流基金·日本国際教育協会.2006.日本語能力試験出題基準(改訂版).凡人社.

小林典子.2001.「誤用の隠れた原因——誤用の原因はいろいろなところに潜んでいる」.『日本語学習者の文法習得』.大修館書店:63 - 82.

小森和子·玉岡賀津雄·近藤安月子. 2008.「中国語を第一言語とする日本語学習者の同形語の認知処理—同形類義語と同形異義語を対象に

―」.『日本語科学』.23：81‐94.

　　小森和子・玉岡賀津雄. 2010.「中国人日本語学習者による同形類義語の認知処理」.『レキシコンフォーラム』.5. ひつじ書房：165‐199.

　　小森和子. 2010.『中国語を第一言語とする日本語学習者の同形語の認知処理』.風間書房.

　　小柳かおる. 2004.『日本語教師のための新しい言語習得概論』. 株式会社スリーエーネットワーク.

　　加藤稔人. 2005.「中国語母語話者による日本語の漢語習得」.『日本語教育』. 125：96‐105.

　　門田修平・池村大一郎・中西義子. 2003.『英語のメンタルレキシコン：語彙の獲得・処理・学習』. 松柏社.

　　国立国語研究所. 1980.「日本人知識階層における言葉の実態」. 国立国語研究所.

　　国立国語研究所. 1964.「現代雑誌九十種の用語用字」. 国立国語研究所.

　　国立国語研究所. 2005.「現代雑誌の語彙」.国立国語研究所.

　　蔡鳳香・松見法男. 2009.「中国語を母語とする上級日本語学習者における日本語漢字単語の処理過程―同根語と非同根語を用いた言語間プライミング法による検討」.『日本語教育』.141：14‐24.

　　渋谷勝己. 2001.「学習者の母語の影響――学習者の母語が影響する場合としない場合」.『日本語学習者の文法習得』.大修館書店：83‐100

　　竹田治美. 2005.「'同形類義語'について」.『人間文化研究科年報』.20：335‐342.

　　玉岡賀津雄. 2000.「中国語系および英語系日本語学習者の母語の表記形態が日本語の音韻処理に及ぼす影響」.『読書科学』.44：83‐94

　　張淑栄. 1987.『中日漢語対比辞典』.ゆまに書房.

　　張麟声. 2009.「作文語彙に見られる母語の転移―中国語母語話者による漢語語彙の転移を中心に―」.『日本語教育』.140：59‐69.

　　陳毓敏. 2002.「中国語を母語とする日本語学習者における漢語習得――同形同義語の文法的ずれに焦点を当てて」.『2002 年日本語教育大

会秋季大会予稿集』:143‐149.

　　陳毓敏. 2003a.「中国語を母語とする日本語学習者における漢語習得研究の概観——意味と用法を中心に——」.『第二言語習得・教育の研究最前線』.2003(11)増刊特集号:96‐113.

　　陳毓敏. 2003b.「中国語を母語とする日本語学習者の漢語習得について—同義語・類義語・異義語・脱落語の4タイプからの検討—」.『日本語教育学会秋季大会予稿集』:174‐179.

　　陳毓敏. 2009.「中国語母語学習者の日本語の漢字語習得研究のための新たな枠組みの提案——意味使用の一般性と意味推測可能性を考慮して——」.『日本語科学』.25:105‐117.

　　菱沼透. 1980.「中国語と日本語の言語干渉—-中国人学習者の誤用例」.『日本語教育』.42:58‐72.

　　中村嘉宏. 2011.「語彙習得の諸相」.『佐賀大学文化教育学部研究論文集』.15(2):35‐54.

　　日本コミュニケーション科学基礎研究所. 1999.「日本語の語彙特性 第1期」.

　　日本文化庁. 1978.日本語教育研究資料.「中国語と対応する漢語」.日本文化庁.

　　彭広陸. 2011.「日本語文法教育および日本語教育文法をめぐる諸問題」『日中言語教育と日本語教育』.4:1‐12.

　　三浦昭. 1984.「日本語から中国語に入った漢語の意味と用法」.『日本語教育』.53:102‐112.

　　三浦久美子. 1997.「日中同形語が学習者に与える影響——日本人の中国語学習者を対象にして」.『言語文化』.6:89‐96.

　　三好裕子. 2011.「共起表現による日本語中級動詞の指導方法の検討— 動詞と共起する語のカテゴリー化を促す指導の有効性とその検証」.『日本語教育』.150:101‐115.

　　宮島達夫. 1993.「日中同形語の文体差」.『阪大日本語研究』.5:1‐18

　　森山新. 2002.「語彙習得研究と認知言語学」.『言語文化と日本語教育』.2002(5)特級号:152‐154.

森山卓郎.矢澤真人.安部朋世. 2011.「国語科の学校文法における'品詞'について」.『京都教育大学紀要』.118:91-106.

李栄. 2006.「日本語学習者の語彙習得に関わる要因――韓国語母語話者の場合」.『第二言語習得研究会(JASLA)全国大会 17 回論文予稿集』. 2006.12.

中文文献(汉字汉语拼音排序)

戴曼纯. 2000. "论第二语言词汇习得研究".《外语教学与研究》. 2000(2):138-144.

邓联健. 2006. "二语产出性词汇能力发展研究综述".《外语与外语教学》.203:25-27.

范淑玲. 1995. "日汉'同形词'的不同之比较".《山东大学学报(哲学社会科学版)》.1995(4):101-104.

盖淑华. 2011. "语言输入中的语符频率与语类频率——认知语言学视角".《中国英语教育》.31:1-7.

何宝年. 2012.《中日同形词研究》.东南大学出版社.

侯仁锋. 1998. "容易用错的日汉同形词举例".《日语知识》.1998(10): 26-30.

贾冠杰. 2008. "多语词汇心理模式与二语习得研究".《外语与外语教学》.231:27-31.

教育部高等学校外语专业教学指导委员会日语组. 2000.《高等院校日语专业高年级阶段教学大纲》大连理工大学出版社.

教育部高等学校外语专业教学指导委员会日语组. 2001.《高等院校日语专业基础阶段教学大纲》大连理工大学出版社.

柳纳新. 1997a. "关于日汉同形近义词"(上).《日语知识》.1997(6): 22-25.

柳纳新. 1997b. "关于日汉同形近义词"(下).《日语知识》.1997(7): 23-25.

毛峰林. 1999. "中日同形词教学研究".《西安外国语学报》.16:45-48.

潘钧. 1995. "中日同形词词义差异原因浅析".《日语学习与研究》.82:

18－23.

　　彭广陆.2007."日本学校语法批判——兼论我国日语语法教学改革".《日语学习与研究》.2007(1):9－17.

　　曲维.1995."中日同形词的比较研究".《辽宁师范大学学报(社科版)》.1995(6):34－37.

　　施建军.2013. "中日同形词共时比较研究的现状及存在的课题".《东北亚外语研究》.2013(1):4－9.

　　施建军.2014. "再论中日两国语言中的同形词问题".《解放军外国语学院学报》.2014(11):132－139.

　　陶振孝. 2007a."汉语词、日造汉语词、字音词".《日语知识百题》.北京大学出版社:157－163.

　　陶振孝. 2007b. "日汉同形词".《日语知识百题》.北京大学出版社:180－185.

　　杨绘荣. 2007. "词汇知识深度对于二语词汇习得的影响——一项基于DIWK 模型的实证研究".《外语界》.120:57－63.

　　文秋芳. 2003."频率作用与二语习得——《第二语言习得研究》2002 年6 月特刊评述".《外语教学与研究》.2003(2):151－153.

　　王立非. 2004.《汉语语文能力向英语写作迁移的路径与理据》.陕西师范大学出版社.

　　俞理明. 2004.《语言迁移与二语习得:回顾、反思和研究》.上海外语教育出版社.

　　翟东娜. 2006.《日语语言学》.高等教育出版社.

　　张萍. 2006. "二语词汇习得研究:十年回溯与展望".《外语与外语教学》.207:21－26.

　　张庆宗、吴喜燕. 2002. "认知加工层次与外语词汇学习——词汇认知直接学习法".《现代外语》.2002(2):176－186.

　　赵艳芳. 2001.《认知语言学概论》.上海外语教育出版社.

　　周平、陈小芬.1994.《新编日语》1－4 册. 上海外语教育出版社.

　　朱春跃、彭广陆. 1998.《基础日语教程》.外语教学与研究出版社.

附录1 限时测试问卷实施方式示例与具体测试项目

1. 示例：

第1张幻灯片

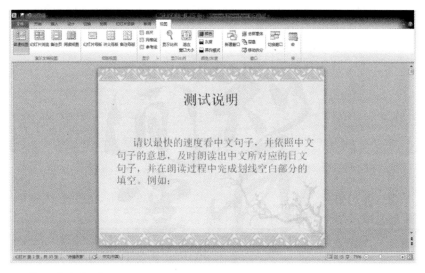

第2张幻灯片

第 3 张幻灯片

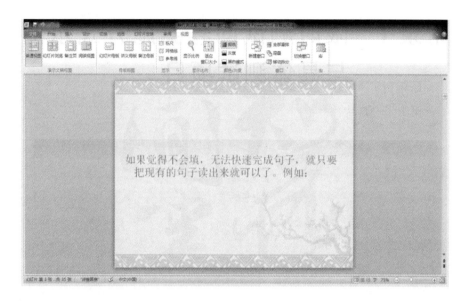

第 4 张幻灯片

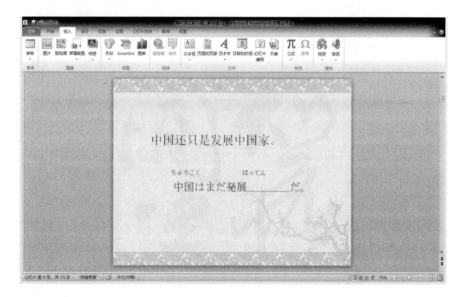

第 5 张幻灯片

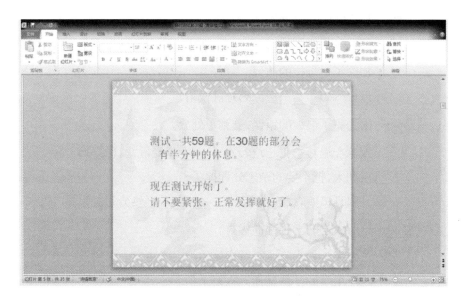

2. 具体测试项目(括号内判定为 2 分的答案)：

時間　时间会解决一切。

　　　　_____が一切を解決してくれる。(時間)

　　　　工作时间从 9 点到 12 点。

　　　　勤務_____は9 時から12 時までです。(時間)

　　　　吃饭时间到了。

　　　　もう食事の_____です。(時間)

　　　　新干线到东京要花 2 个小时。

　　　　新幹線で東京まで2_____かかります。(時間)

教室　我每天早上 8 点去教室。

　　　　私は毎日 8 時に_____へ行きます。(教室)

　　　　名古屋大学的物理教研室正在招人。

　　　　名古屋大学の物理学_____はスタッフを募集しています。

　　　　(教室)

　　　　我每天去英语培训班学习。

　　　　　毎日英語＿＿＿＿＿へ勉強に行きます。(教室)

爱情　17 岁的孩子不懂什么是爱情。

　　　　　17 歳の子どもはまだ＿＿＿＿が何なのかわからない。(愛情)

　　　　　加深了对母校的热爱。

　　　　　母校への＿＿＿＿を深めた。(愛情)

处分　因为犯了很大的错误,受到了处分。

　　　　　大きな過ちを犯したので、＿＿＿＿を受けた。(処分)

　　　　　星期天,把不要的杂志处理掉了。

　　　　　日曜日にいらない雑誌を＿＿＿＿＿＿。(処分した)

学生　这所大学的学生都很优秀。

　　　　　この大学の＿＿＿＿＿は皆優秀だ。(学生)

　　　　　这所中学的学生星期天也要上学。

　　　　　この中学校の＿＿＿＿は日曜日でも学校へいかなければなら
　　　　　ない。(生徒)

　　　　　孟子是孔子的学生。

　　　　　孟子は孔子の＿＿＿＿です。(弟子)

最近　最近老是下雨。

　　　　　＿＿＿＿よく雨が降る。(最近)

　　　　　这部电影最近会上映。

　　　　　この映画は＿＿＿＿上映される。(そのうち、近いうち)

簡単　昨天的考试很简单。

　　　　　昨日の試験はとても＿＿＿＿＿でした。(簡単)

　　　　　简单地吃了午饭。

　　　　　昼食を＿＿＿＿にすませた。(簡単)

　　　　　小张很不简单,自学考过了日语一级。

　　　　　張さんは＿＿＿＿＿、独学で日本語能力試験一級に合格しまし
　　　　　た。(大したもので)

解釈　沉默可以解释为放弃。

　　　沈黙はもうあきらめていると_____できる。(解釈)

　　　就是你错了,不要再解释了。

　　　お前の間違いなのだ。_____はやめなさい。(言い訳)

問題　这次的练习题特别多。

　　　今回の_____は特に多い。(練習問題)

　　　这次事件引发了许多社会问题。

　　　今回の事件はたくさんの社会_____を起こした。(問題)

　　　这完全不成问题。

　　　これはぜんぜん_____にならない。(問題)

　　　关于今天的课大家还有什么问题么。请提问。

　　　今日の授業についてまた何か_____がありますか。どうぞ。

　　　(質問)

深刻　对于事态的发展我没有进行深刻的思考。

　　　事態の発展に対して_____に考えていなかった。(深刻)

　　　环境恶化是一个非常严重的问题。

　　　環境悪化は非常に_____問題である。(深刻な)

　　　张老师表情沉重。

　　　張先生は_____顔をしている。(深刻な)

　　　桂林给我留下了深刻的印象。

　　　桂林は私に_____印象を残した。(深い)

普通　看上去是一件很普通的东西。

　　　_____のものに見える。(普通)

　　　迟到是很普通的。

　　　遅刻するのは_____のことだ。(普通)

　　　王教授与普通的学者不一样。

　　　王教授は_____の学者とは違います。(普通)

　　　通常吃药是可以治疗的。

　　　薬を飲めば直るのよ、_____。(普通)

大事　今天就不要想国家大事了。

今日は国家＿＿＿＿＿を忘れてください。（大事）

健康是最重要的事。

健康は一番＿＿＿＿＿なことだ。（大事）

無理　对方提出了无理的要求。

相手は＿＿＿＿＿な要求を出した。（無理）

写字，对于 2 岁的小孩来说是做不到的。

字を書くのは、2 歳の子どもには＿＿＿＿だ。（無理）

会把身体搞坏的，不要逞强啊。

体を壊すから、＿＿＿＿＿をしないでください。（無理）

反対　科长反对扩大生产。

課長が生産の拡大に＿＿＿＿＿する。（反対）

与男相对的是女。

男の＿＿＿＿＿は女だ（反対）。

事实与此相反。他没有去。

事実はその＿＿＿＿＿だ。彼は行かなかったのだ。（反対）

熱心　他对工作很热心。

彼は仕事にとても＿＿＿＿である。（熱心）

小李告诉了我很多事情。他的热心非常令我感动。

李さんはいろいろ教えてくれた。彼の＿＿＿＿＿に感動しました。（親切）

他很热心地告诉我去医院的路。

病院へ行く道をとても＿＿＿＿＿に教えてくれた。（親切）

習慣　我有睡觉前喝牛奶的习惯。

寝る前にミルクを飲む＿＿＿＿＿。（習慣がある）

我已经习惯了日本的生活。

日本の生活に＿＿＿＿＿。（慣れた）

関心　大学生应该关心国家大事。

大学生は国のことに＿＿＿＿＿べきだ。(関心を持つ)

我拒绝了她的关心。

その人の＿＿＿＿＿を断わった。(お世話)

緊張　一上台就紧张。

ステージに上がると、＿＿＿＿＿。(緊張する)

最近工作紧张么?

最近、仕事は＿＿＿＿＿。(きついですか)

听说四川那里现在蔬菜很紧张。

四川では野菜が＿＿＿＿＿そうだ。(足りない)

他已经是大孩子了你不用太紧张。

彼はもう大人なんだから、＿＿＿＿＿ないでください。(心配し)

意見　在会议上交换了意见

会議で＿＿＿＿＿を交わした。(意見)

我劝弟弟把烟戒了。

タバコをやめろと弟に＿＿＿＿＿した。(意見)

对小李的做法我很有意见。

李さんのやり方に＿＿＿＿＿。(不満がある)

一定　室内需要保持一定的温度。

室内の温度を＿＿＿＿＿に保つ必要がある。(一定)

由于他的努力,交涉取得了一定的成果。

彼の努力によって、交渉は＿＿＿＿＿成果を挙げた。(一定)

对员工的要求是固定的。

職員に対する要求は＿＿＿＿＿ものだ。(一定する)

李明同学,一定要好好学习啊。

李明さん、＿＿＿＿＿勉強してくださいね。(ちゃんと)

附录 2 非限时测试问卷

(＊括号内为参考答案)

完成试卷前请注意:

1. 请参考汉语句子的意思,在日语句子的画线部分填入适当的内容,以使下列句子成为完整的句子,并符合汉语句子的意思。

2. 没有时间上的限制,请对填入部分进行<u>最慎重</u>的考虑。

1. 一个月花 1 000 块钱是很普通的事。

月に千元を使うのは＿＿＿＿＿のことだ。(普通)

2. 硬是想打开,结果弄坏了。

＿＿＿＿＿に開けようとしたら、壊れてしまった。(無理)

3. 把国家大事委托给地方是不对的。

国家の＿＿＿＿＿を地方自治体に委ねるのはよくないことだ。(大事)

4. 哥哥往相反的地方跑去了。

お兄さんは＿＿＿＿＿方向に走っていった。(反対の)

5. 不受好评的工作,有谁会热心去做呢。

評価もされない仕事を、誰が＿＿＿＿＿やりますか。(熱心に)

6. 妈妈似乎已经习惯了退休后的生活。

母は定年後の生活に＿＿＿＿＿らしい。(慣れている)

7. 王市长很关心垃圾处理问题。

王市長はごみの処理問題に＿＿＿＿＿。(関心を持っている)

8. 爸爸非常紧张女儿的健康。

お父さんは娘の健康＿＿＿＿＿。(を心がけでる)

9. 对这件事每个人都有自己的意见。

そのことについて、各人（かくじん）は自分（じぶん）なりの＿＿＿＿を持（も）っている。
（意見）

10. 在一定情况下，你必须要把真相告诉他。

＿＿＿＿の条件の下（した）では、真実（しんじつ）を彼（かれ）に言（い）わなければなりません。
（一定）

11. 时间和空间是物质存在的两种方式。

＿＿＿＿と空間（くうかん）は物事（ものごと）が存在（そんざい）する二（ふた）つの方式（ほうしき）である。（時間）

12. 我曾经上过围棋培训班。

囲碁（いご）＿＿＿＿に通（かよ）ったことがあるんです。（教室）

13. 我被这一对夫妻的爱情感动了。

そのカップルのお互（たが）いの＿＿＿＿に感動（かんどう）した。（愛情）

14. 因为考试作弊，结果受到了退学处分。

カンニングで退学（たいがく）＿＿＿＿を受（う）けた。（処分）

15. 听说东京大学的学生们每天花 4 个小时在图书馆。

東京大学（とうきょうだいがく）の＿＿＿＿は毎日（まいにち）4 時間（じかん）も図書館（としょかん）にこもるそうです。
（学生）

16. 我最近会去趟北京。

＿＿＿＿北京へ行（い）くつもりです。（近いうち）

17. 入境手续很简单。

入国（にゅうこく）の手続（てつづ）きはとても＿＿＿＿でした。（簡単）

18. 这个误会你是解释不清楚的。

誤解（ごかい）をはっきり＿＿＿＿することができないんだ。（釈明）

19. 这次的考题很难。

今回（こんかい）の試験（しけん）＿＿＿＿は大変（たいへん）難（むずか）かった。（問題）

20. 对于婚姻,小王有着深刻的体会。

結婚について、王さんは＿＿＿＿＿理解している。(深く)

21. 这种冷可不普通。

この寒さは＿＿＿＿＿ではない。(普通)

22. 我是做不到每天学习 10 个小时的。

毎日10時間勉強するのは＿＿＿＿＿。(無理だ)

23. 与热相反的是冷。

「暑い」の＿＿＿＿＿は「寒い」だ。(反対)

24. 小张特意打电话告诉我明天不上课了。我被她的热心打动了。

張さんは私を家まで送ってくれた。彼女の＿＿＿＿＿に感動した。(親切)

25. 日程安排得很紧张。

スケジュールは大変＿＿＿＿＿。(きつい)

26. 田中社长劝告我早点离婚。

田中社長は私にはやく離婚なさいと＿＿＿＿＿。(意見した)

27. 做老师需要具有一定的教学经验。

教師になるには＿＿＿＿＿の教育経験が必要です。(一定)

28. 下午 2 点到 4 点是我的自习时间。

2時から4時までは私の自習＿＿＿＿＿だ。(時間)

29. 南京大学新建了一个物理实验室。

南京大学には物理＿＿＿＿＿が新しく設立された。(教室)

30. 清水中学的学生们每天都要做早操。

清水中学校の＿＿＿＿＿毎朝体操をやっています。(生徒たちは)

31. PDF 简单的说就是印刷文本的电子版。

PDFとは＿＿＿＿＿にいえば、文書印刷の電子版のことです。(簡単)

32. 把失火的原因解释为空气太干燥了。

火事の原因を「空気があまりに乾燥した」結果と＿＿＿＿＿した。
（解釈）

33. 很多人都对教育问题感兴趣。

多くの人が教育＿＿＿＿＿に興味を持っている。(問題)

34. 美奈表情沉重地看着窗户。

美奈は＿＿＿＿＿表情で窓ガラスを見つめている。(深刻な)

35. 他与普通人的看法不同。

彼は＿＿＿＿＿の人とは見方が違う。(普通)

36. 如何才能缓解财政紧张状况?

財政の＿＿＿＿＿状況をどのように緩和するのでしょう。(厳しい)

37. 因为工作结束时间不固定,所以不知道什么时候能到机场。

仕事の終わる時間が＿＿＿＿＿ないので、何時ごろ空港に着くか分からない。
（一定してい）

38. 这件事对于小李来说根本不是问题。

このことは李さんにとって＿＿＿＿＿ではない。(問題)

39. 我们首先应该解决严重的雇佣问题。

まず最初に＿＿＿＿＿雇用問題を解決すべきだ。(深刻な)

40. 通常没有这种可能性。

＿＿＿＿＿そういう可能性はない。(普通)

41. 武没有理会京子无理的要求。

武は京子の＿＿＿＿＿要求を無視した。(無理な)

42. 现在对我来说,妈妈的病是最重要的。

今の私にとって母の病気が一番＿＿＿＿＿なことだ。(大事)

43. 我反对体罚学生。

<ruby>学生<rt>がくせい</rt></ruby>に<ruby>体罰<rt>たいばつ</rt></ruby>を<ruby>加<rt>くわ</rt></ruby>えること＿＿＿＿する。(に反対)

44. 婶婶是一个很热心的人。

おばはとても＿＿＿＿な<ruby>人<rt>ひと</rt></ruby>です。(親切)

45. 养成一个好习惯不容易。

いい＿＿＿＿を<ruby>身<rt>み</rt></ruby>につけるのはたやすいことではない。(習慣)

46. 村长很关心我们的生活。

<ruby>村長<rt>そんちょう</rt></ruby>は<ruby>私<rt>わたし</rt></ruby>たちの<ruby>生活<rt>せいかつ</rt></ruby>に＿＿＿＿。(気を配っている)

47. 马上就到我的时候我非常紧张。

もうすぐ<ruby>私<rt>わたし</rt></ruby>の<ruby>番<rt>ばん</rt></ruby>になる<ruby>時<rt>とき</rt></ruby>、とても＿＿＿＿。(緊張した)

48. 如果你对我有什么意见你就说好了。

<ruby>私<rt>わたし</rt></ruby>に<ruby>対<rt>たい</rt></ruby>して<ruby>何<rt>なに</rt></ruby>か＿＿＿＿があればどうぞいってください。(文句)

49. 不到一定的年龄是不能上学的。

＿＿＿＿の<ruby>年齢<rt>ねんれい</rt></ruby>にならなければ<ruby>学校<rt>がっこう</rt></ruby>へ<ruby>行<rt>い</rt></ruby>くことができません。

(一定)

50. 你每天学习多少小时阿。

<ruby>毎日<rt>まいにち</rt></ruby>＿＿＿＿<ruby>勉強<rt>べんきょう</rt></ruby>するのですか。(何時間)

51. 能在宽敞明亮的教室里学习感到很幸福。

<ruby>広<rt>ひろ</rt></ruby>くて<ruby>明<rt>あか</rt></ruby>るい＿＿＿＿で<ruby>勉強<rt>べんきょう</rt></ruby>できるのは<ruby>本当<rt>ほんとう</rt></ruby>に<ruby>幸<rt>しあわ</rt></ruby>せだ。(教室)

52. 他对工作充满了热爱。

<ruby>彼<rt>かれ</rt></ruby>は<ruby>仕事<rt>しごと</rt></ruby>に＿＿＿＿を<ruby>持<rt>も</rt></ruby>っている。(愛情)

53. 不要的书要早点处理。

いらない<ruby>本<rt>ほん</rt></ruby>ははやく＿＿＿＿ほうがいい。(処分した)

54. 相扑师傅最喜欢的学生是白鹏。

<ruby>相撲<rt>すもう</rt></ruby>の<ruby>親方<rt>おやかた</rt></ruby>が<ruby>一番<rt>いちばん</rt></ruby>好<rt>ず</rt>きな＿＿＿＿は白鵬だ。(弟子)

55. 他最近的脸色很差。

_____、彼は顔色が良くない。(最近)

56. 他的经历很不简单。

彼の経験は_____ではない。(平凡・普通)

57. 想提问题的同学请举手。不用拘束。

_____があればどうぞ手を挙げてください。遠慮しないで。(質問)

58. 这篇文章具有深刻的内容。

この文章には_____内容が含まれている。(深刻な)

59. 到了日本,你一定要努力啊。

日本に行ったら、_____頑張ってくださいね。(ぜひ)